Nunnak Thlalang

Salai C. Twintwin

December 2023
Australia

Copyright @ 2023 Salai Carson Tin Twin Oo

Published by
Vailamtah B&B Ministry

In December 2023

Cover Designed by
Vailamtah B&B Ministry

Edited by Rev. Chan Hnin Thang

Printed in the United States of America

KAWLNAK

Lunglawmhnak

Pathian a ṭha hringhran. Hi bantukin cauk chuah kho dingin lam a ka hruai, fimthiamnak a ka pek, caan a ka serpiak i hmanrua thilri a ka pek. Hi cauk in a sunparnak lang hram seh, ti zong ka saduhthah a si.

Cauk ṭial tikah caan pek a hau. Ka ṭial chung ah mahlawng i kilh in caan tampi ka hman lio ah a ka theithiamtu ka chungkhar cung zong ah lawmhnak bia ka chim. Anmah theihthiamnak um hlah sehlaw hi cauk hi tlamtling in a chuak kho hnga lo. An cung ah kai lawm.

Cun hi cauk a rel a fawi khawh nakhnga le caṭial zulhphung ka zulh khawh nakhnga chungkhar rian le pumpak rian thlau in a hranpi a ka relpiaktu Rev. Chan Hnin Thang cung ah kai lawmhnak a sang ko. Ai manh lo tuk bu ah tlamtling tein a ka relpiak lawng si lo, remh hnga a remh, chap hnga a chap i dawhte in a tlin khawhnak hi a si. Man phalh lo tein rethei le caan pek ngai bak in a ka siamremhpiak tikahh kai lawm hringhran. Cun Biahmaiṭhi a ka ṭialpiaktu Rev. Lian Chawn cung zong ah lawmhnak chim cawklo ka ngei. Dawh le tling khikkhet in cahmai hmasa bik ah Nunnak Thlalang muisam a cuanter khawh dih tikah kai lawm khun.

Rel khawh dingin a tawlreltu Vailamtah B&B Ministry cung ah kai lawm tuk. Ca hi ṭial len ko zong ah chuah lo ahcun zapi ca ah thawtnak a ngei lo. Anmah nih cauk muipu in a chuah khawh nakhnga anmah ngeihchiah lila hmangin an ka chuahpiak tikah kai lawm hringhran. Keimah thazaang in a chuah kho ka si lo tikah, Caholh dawtnak lungthin he lunglawm tein chuahpiak ding biachahnak an ngeih hi kai lawm tuk. Cauk in chuah vial lawng hmanh a si lo, Laimi nih kan tuah bal lo mi vawlei cung online thilzuarnak ngan bik a si mi Amazon ah an ka chiahpiak. Hi tiangtiang hi ka ruahchan mi le chunmang ka manh bal mi zong a si lo, nain anmah thawngin ka ruah banhlopi tiangin an ka tawlrelpiak tikah lunglawmhnak a sang ko. Hi bantukin cauk tling le rel khawh ding tiangin a ka bawmtu dihlak cung ah, Pathian tu nih an retheihnak theihpiak hna in thluachuah pe ko hna seh ti'n.

Salai C. Twintwin

Biahmaiṭhi

Thlalang cu midang kan hmuhnak ca ah a si lem lo. Kanmah le kanmah fiang tein kan i hmuhnak ca ah a si. Mah le mah fiang tein kan i hmuh khawh lo ruang le kan i hmuh duh lo ruangah i sersiam le i remh kan herh kan tlolh tawn, kan palhnak kan i hmu tawn lo. Cu nih kanmah nun in mibu nun tiang a hnursuan, a dehcawh i a buai. Mah le mah fiang tein i hmuh khawh cu a har. Nain a har tuk tiah hnuchit awk le mitchinh kanh awk a ṭha lo. Minung cu kanmah pumpak le kan biaknak le kan zumhnak ah hrambunh in a kal mi kan si. Cuti kan nun fiang deuh in kan i hmuh khawh nakding ah tutan cauk, "Nunnak Thlalang" ah rak i bih cio ding in kan siaherh hna. Hi thlalang ah ai bih mi cu nunnak ah i ṭamhzia kan thiam deuh hrim lai. Rak i bih ko, nai chir lai lo. Atu kan ram boruak khingrih lio caan, ramchung ramleng in lungretheih lio caan, rai le ral karlak i tenh in nun himnak ca ah kar kan hlan cuahmah lio caan ah, "Nunnak Thlalang" cauk a kan ṭialpiaktu Salai C. Twintwin cung ah kan i lawm. Caṭialtu hi minote a si nain Laica le Laiholh a thiam pin ah a biahman a fer, a biafang tian daan ai dawh. A caṭial a tluang, a zung a kem ngai i careltu ca ah rethei a si lo. "Lai Nunphung Tenek," cauk zong a kan chuahpiak cang. Hmailei ah cauk tampi a kan ṭialpiak nakhnga tha kan pek cio ding a si. Hi Nunnak Thlalang cauk ah ṭha tein ai bih mi nih cun amah le amah ai hmuh pin ah Pathian zong a hmuh chih lai. Kan nunnak bawmtu ṭha cauk a si hrimhrim lai, tiah ruahchannak ka ngei.

Lian Chawn

DAL KHATNAK

Nun Chan

1. Nunnak Sullam

Nunnak sullam hi zeidah a si siloah nun chan hi zeidah a si, tiah i hal cio usihlaw lehnak dang cio kan ngei lai. Kan hmuhton mi in siseh, kan i ruahchan mi le zumhnak cung hngatchan in kan lehnak ai dang lulh lai. Kan chunmang phak khawh nakding ah teirial in nun khualtlawng mi kan si bang, kan i lo cio lo. Cu kan chunmang le saduhthah hmuh khawh nakding ah kan nunnak lila hmanh hi thap ngamh in hmuh kan i zuam hna. Kan nunnak a mawngtu zong hi kan chunmang cu a si. Beidonghnak kan ti mi hi chunmang siloah saduhthah tlinh lo le phak lo tikah a cang tawn mi sining pakhat a si. Chuahchan ngei lo, nun chan ngei lo ah kan i ruat colh tawn i nun santlai lo ah kanmah le kanmah kan i hmu colh. Vawlei hi duh tlin lonak ram a si ti'n voikhat kan hlawhchamnak nih chan lailing ah mino kan nun a hrawh mi a tlawm ti lo. Nihin kanmah Chinmi chung ah phalh awk ṭhalo in a vak mi mah le mah nun i laknak siivai zong hi "nun chan ka ngei lo, ka nun hi sullam a ngei lo" ti mi ruahnak in nun beidonghnak theipar a si. Phun dang in kan chim ahcun, "nunnak" hi zeidah a si i, zeibantuk hmuitinh he dah ser kan si ti kan i fian lo caah, taksa pum nih a temtuar mi ruangah kanmah ta a si lo mi nunnak titsa pum he kan ṭhen tawn (kan thah tawn).

Pathian nih minung a ser tikah tinh mi ngei in a ser. Adam hnarkua ah nunnak thaw chuahhnawh in minung ah a hung cang a ti, a sullam cu nunnak kan ngeih mi hi Pathian thaw a si tinak a si. Nunnak a pek lawng hmanh si lo, ṭuanvo tampi a khinhchih. Ṭuanvo a pek kan ti tikah Pathian nih minung a kan herh tinak a si lo; nunnak le thaw le zeizong vialte petu a si caah minung nih an tuahpiak khawh mi kha a herh mi pakhat hmanh a um lo" (Lam.17:25) tiah, Cathiang nih a kan chimh. Isaiah 43:7, 21 ah cun "Nunnak thaw pek kan si le nunter kan si hi, amah Pathian thangṭhat in sunpar pek" a si, a ti. A nung Pathian a zum ve lo mi nih "nuamhnak" hi kan chuahchan a si, an ti. Paul nih Korin khua mi ca a kuat mi kha ruat hmanh! Nun chung ah i nuamhnak tuah ding, hi a thi kho mi pumsa hin nun hi a nuamh khawh chung in nuamhpi a poi lo ti mi ruahnak kong ah fakpi in a rak sik hna khah. Nihin zumtu nun zong ah hi bantuk ruahnak ngei mi kan tlawm ti lo. Cheukhat ve hoi nih cun, nupi ṭhit le pasal ngeih i chungkhar ser hi chuahchan a si, an ti (a tang ah tam deuh in ka langhter). Cuticun kan nunnak sullam hi tampi in an fianh cio.

Thil pakhatkhat a man le hluutnak tah tikah a man in kan zoh, chiat-ṭhat zong kan zohchih. Cucu cawk khawh mi thilri kan tahnak le khingthlainak a si; sinain nunnak cu tahnak fung a ngei lo. Ngakchia nunnak le upa nunnak hlutzia aa khat i, mifim le mihrut nunnak man zong aa khat. Mihrut an si ruang, pum tlamtling lo an si ruangah an nun man a niam deuh hlei lo. Kan sinak in tah ahcun dannak a tampi ko lai, nain nun man tlukceo a ngei mi kan si hna. Vawlei Ralpi II hnu in nuhrin covo cak ngai in an kalpinak zong hi nun man tlukruang tein kan ngeihnak i hmaithlak khi a si. Zeicahtiah minung nunnak hi a sung tuk, a ngeitu Pathian sin zong ah cawk khawh mi a si lo. Nunnak cu airolh khawh lo mi a si. Thilri bantukin belh le pehsauh, tharchuah khawh mi phun zong a si lo i, rul bantukin ai zirh kho mi zong a si lo. Thlennawn khawh phun zong a si fawn lo. Vawlei cung thil vialte in cawk khawh mi phun a si lo. Cu tluk cun a man fak mi a si; sinain nihin ah cun minung lu man hi kan umnak ram dun le dan ning in man zat khiah a si cang. US nih minung lu man ah $ 10 million hrawng a pek; Australia nih $ 4.2 million…etc., ti'n minung lu man tuak a si cang. Chim duh mi cu, nunnak a sunlawi ning kha si.

Nihin Laimi sining zoh ah nun man kan upat tuk loin ka hmu. Kan nunphung ah ṭhatremnak phun tampi kan ngei ko, sinain Laimi kan si, Khrihfa kan si ti mi "bia" nih mi pakhat lu man kha fawi tuk in man kan hauh. Tahchunhnak ah, mi pakhat nih mi dang pakhat meithal in a kah sual i a thi, siloah an i vuaknak in a nun chung pum tlamtlinglo ah ai chuah. Cu bantuk caan ah sathi luanh in fawi tuk in kan i rem. I ṭhatrem cu a va ṭha sawk ko hme teh, sinain fak tuar ca ah a fak tuk. Hi ṭhatremnak ruangah mi thisen chuah kan ngamh tuk. Hihi rum ruangah le cawi le liam ding ngeih ruangah a si thlu lem lai lo, mi pakhat a nun man upatnak a um lo caah a si deuh. Nihin vawleipi uktu United Nations (UN) hmuitinh hi vawlei ah dawtnak le remdaihnak lenter, minung nun man cawisan a si. Pathian nih nawlbia a kan pek mi zong hi pakhat le pakhat i dawt le rem tein um a si. Baibal nih dawtnak a ngei lo mi cu Pathian a hngal lo mi rian a si ti (1 John 2-3). Zeicahtiah, dawtnak cu Pathian sin in a ra mi a si i cu dawtnak nih Pathian a kan hngalhter. Pathian hngalh le thangṭhat cu kan nun chan—nunnak sullam taktak cu a si.

"Nunnak hi ka ca ah zeidah a si?
Kei ka ca ah cun nunnak cu Khrih a si."
(Fil. 1:21)

---

2. Chungkhar

Pathian nih minung a ser tikah mah lawng um ding in a kan ser lo, bawmtu a kan serpiak chih, tiah Cathiang ah kan hmuh (Genesis 1-3). Eden dum chung ah chungkhar dirh ai thawk kan ti lai cu. Cu chungkhar kan ti mi ah cun, hringtu nu le pa, fale le pi le pu ti'n sining ai hrawm mi khi a si. Chungkhar hi ṭhen ning tampi a um. Minung thawhkehnak tuanbia hngal (anthropologist) hna nih hitihin chungkhar an ṭhen: nuhmei (matrifocal) chungkhar, pahmei (patrifocal) chungkhar, chungkhar tling (nuclear family), putu rual chungkhar (avuncular) le chungkharpi (extended family) ti'n a ṭhen. Fianh deuh ahcun, chungkhar ah nubik cawmkennak tang ah a um mi chungkhar; pa cawmkennak in a um mi chungkhar; chungkhar tling ka ti mi hi, nu le pa le fale he tling tein khuasa mi; chungkharpi ka ti mi hi, pi le pu, tule le tuchin he khuasa mi khi ka chim duh mi a si. Hihi kanmah Laimi chungkhar kan ṭhen ning zong a si ko rua. Hi chungkhar kan ti mi ah, cawmtu, nu le pa, pi le pu, chuakkhat u le nau le ṭa le far vialte kan i tel i sining ai hrawm mi kha chungkhar cu a si.

Hlan chan ah cun chungkhar ram a kau, sinain atu kan chan ah cun a bi cang. Mi le mah zong kan i dang hna lo kan ti ko, a hlei in ramleng ah a zualhma. 1989 November 9, Berlin vampang a cimh hnu, cabuai cung raldohnak in remdaihnak lamthluan kan zawh hnu, atu chan thar chan ah cun ramri a um ti lo kan ti. Vawlei hi khuate a si cang kan ti ko; sihmanhsehlaw chungkhar kong ah cun ramri a bi chin lengmang. Phun dang in kan chim ahcun, chantiluan tihrah nih chungkhar ram a hrawh (a minhpi) lawng si loin, kan zatlang nun tiang a hnursuan caah zatlang nun zong nih chungkhar ram a bitter chin. Chiatni ṭhatni ṭhuttopi le zawttlak hnemh caan le bultawl a herh caan ah chungkhar hrih le hram kan dawi mi nih a fianh ngai. Tahchunhnak ah, ramdang ah cun ngaihchiatnak ton hmanh ah "pehtlaihnak hram" kan hlat colh. A thi mi hi a chungkhat sawhsawh maw a si, chuahpi dah a si ti'n kan i hal. A fawinak in kan chim ahcun, a naihniam bik chungkhar (immediate family) kan zoh. Naihniam chungkhar cu, nupi, nu le pa, pi le pu, ṭale, farle siloah fanule, fapale an si. Cucaah ngaihchiatnak ton hmanh ah, hringtu a nu le pa maw a si, chuahpi u le nau maw an si, ni le far dah an si ti'n ramri kan ngeihter. Fak deuh in chim ahcun, bulhnak siseh, ṭhuttopinak le hnemhnak tiang in ri kan ngeihter. Khrihfabu nih siseh, mibu (community) min in siseh, ṭhuttopinak le bulhnak pekchanhnak kong ah dannak ngei in phunghram ser a si. Tualchung le tualleng ti'n kan ṭhen i, tualleng ah rualchan pakhatkhat nih thihloh ton tikah kan i theihpi tuk lo. Chungkhar ramri kan bitter tuk ruangah zatlang nun tiang a hnursuan le muichiatnak pakhat a si.

Chicago Commons ah Chief Operating Officer a rak ṭuan mi Beth Lakier nih a chim mi, *"Kei ka ca ah cun, bawmhchanh hau in ka um caan ah a ka bawmchantu, lawmh caan ah a ka lawmhpitu le har caan ah a ka harpi i, ka nun ai hrawm kho mi poh cu ka chungkhar an si ko,"* a ti mi hi chungkhar ramri ngei mi ca ah cun a si kho lo ti ding khi a si hnga. Anih ca ah cun chungkhar nih ramri a ngei lo, sining i hrawm khawh kha biapi ah a chiah. Chungkhar a biapitnak le a muru taktak zong a si. US hrambunh Statista Research Development nih a hmuhchuah mi cu, har caan ah dirpitu, lawmh caan ah lawmhpitu le ngaihchiat caan ah hnemtu a si mi chungkhar hi minung sinak ah a biapi bik ko, an ti. Zeicatiah, chungkhar cu cabuai pakhat ah buh-bel pakhat, tihaang bel pakhat i hrawm in a eidingṭi mi, sining ai hrawm mi kan si caah. Zatlang nun siseh, nuntual nun siseh, kan i chimh cawnpiaknak hmun zong a si. Cun chungkhar cu kan fale nih nun hi zeidah a si ti an hngalhnak le cawnnak hmasa bik sianginn a si. An khuaruahnak hrampi, an ziaza thlaknak hrampi a si i, nuncan ziaza an i laknak hmun zong a si chih. Chungkhar ah an cawn mi kha nifatin an i ṭhanlianhpi mi nun ah a hung cang. Cucaah chungkhar a biapi kan tinak hi, nun ziaza hrampi a si caah a si.

a. Tangka

Minung kan i zumh ngamnak le lunghrinh langhnak hi tangka ah a si bantukin, chungkhar ah nuva karkhuah kar ah siseh, mising lakah siseh, chuakkhat sempi kar ah siseh, buainak le dawtnak hri tlaitu zong tangka a si. Phun dang in kan chim ahcun, nuva karkhuah buaibainak le chungkhar kehkuainak tiang a chuahpitu hi tangka a si. Tangka nih nuva karkhuah buainak a chuahpi tikah tukthlaknak tiang a chuak. Hi ruangah kum fatin minung nunnak tampi tiang a liam pin ah, nungna ngakṭah dirhmun ah a phan mi an tamnak zong a si. Wikipidia nih chungkhar buaibainak (a hlei in nu an temtuarnak) zatuak in a langhter mi ah, US (33%), New Zealand (35%), Egypt (34), Canada (29%), Barbados (30%)..tbk., hna hi a sannak an si hna, tiah a taar. World Health Organization (WHO) nih a chim ning ah cun, "Chungkhar buaibainak in pasalle tukthlak tem ruangah nu 38% an thi," a ti. Hi vialte a thi mi le a buaibai mi hi tangka luhchuahnak i theihpi lo, lung i hrinh ruang tbk tampi ai tel lai. Langhter duh mi cu, chungkhar ah tangka tawlrel a biapinak a si.

Laimi cu kan kotho tein sifak harsa kan si caah nikhat kan hmuh mi nikhat a ei phun kan si. Cu tikah chungkhar milu riantlai kho nih hmuhchuah mi vialte nu le pa nih theihpi, nu le pa kut cunghumh dih a si tawn. A tlawm a tam ah nu le pa kan pek hna. Hihi pumpak pakhat cio nih tangka khonnak (bank) kan ngeih lo ruang zong ah a si kho, sinain kan lungput hrimhrim ah nu le pa kut cunghumh ding a si ti mi lungput kan ngei. Sihmanhsehlaw nihin kan chan ah cun a si ti lo, mah le ṭuanchuah mi cio ti phun in kan um cang. A hlei in ramdang hna ah cun pumpak pakhat cio nih tangka chiahnak (bank) i ngeih a si i kan hmuh mi tlawmtam ning in kanmah pumpak cio tangka kuang ah a lut. Ahohmanh nih hmuh mi zat i theihpi a um lo, ngeih mi zat theihpi zong a um lo i, hmannak zong theihpi a si ti lo. Hi ruangah nuva kar hmanh ah i theihthiamlonak a tam, lunghrinhnak a zual. Fale nih zei bantuk ah tangka an hmannak zong hngalhpiak an si lo tikah nunzia pialsualnak hlei pakhat zong ah a cang; cucaah ramdang um laitlai ṭhenkhat nuva karkhuah buaibainak lian cem le fale nun hrawktu hi tangka a si ti khawh a si.

Cu bantukin pumpak cio nih hmuh mi tangka tawlrel a si caah nuhrinnak in chungkhar a si ko mi zong sining kan i hrawm kho ti hna lo. Fale zong nih nu le pa sin ah mito (sinum) bantukin inn-man le ei-man ca ah tangka a pe sawhsawh mi kan tam. A cheu cu a pe lo pumpuluk zong kan um fawn. Chungkhar khuasak tintuk tuaktantu nu le pa kut ah fale sin in hmuhchuah mi tangka a phak lo tikah chungkhar a hnursuan ngaingai. Inn le lo man kong ah siseh, din-ei kong ah siseh, ti le mei man kong ah siseh, chungkhar le fale ca ah tumtah mi an ngeih mi tiangin a hnursuan. Hi ruangah nu le pa lungretheihnak ai chap. Nihin Laimi ramleng um chungkhar tampi zong ram ṭha kan phaknak kum le khua a sau ko nain inn le lo kan ngeih khawhlonak zong hi, fale hmuhchuah mi tangka nu le pa sin a phan mi a tlawm tuk caah a si ko. Din-ei lawng ah sining i hrawm, khuasaknak ah i hrawm khawh lo cu, minung khuasak ṭhanchonak dawntu taktak a si pin ah, sining ai hrawm kho lo mi cu chungkhar diktak a/an si lo langhtertu pakhat a si. Phun dang in kan chim ahcun, chungkhar tunmernak le ṭhanchonak ah ṭuanvo ngei lo bantukin kutke a ngei lo mi, hmuhchuah mi nithlahlawh nu le pa a pe ve lo mi cu chungkhar chungtel a si lo, mising a si tinak a si.

b. Nun Ṭhannak

Nun ṭhannak ka ti tikah taksa in ṭhannak si loin, thinlung le thlarau lei ṭhannak khi chim duh mi a si. Chungkhar cu fale ca ah a hmasa bik sianginn a si an ti. Taksa, thinlung le ruahnak in an ṭhannak, cawn mi tampi an ngeihnak hmun zong a si. Fale nih fim an cawnnak taktak hi chungkhar a si kan ti lai cu. Sianginn cu hmailei ah rian ṭha an hmuh nakhnga, cachimtu nih cawn mi ca an chimhnak hna hmun a si. Inn cu nifatin an nuncan ziaza, dingrep nun chimh cawnpiaknak hmun a si; cucaah chungkhar hi fale ca ah a biapi tuk. Thinlung le ruahnak lei ah a pical mi an si khawh nakhnga le zatlang nun le thlarau lei ah zohchunh tlak an si khawh nakhnga, lam hmuhsaktu, cawnpiaktu zong chungkhar a si. Minung hi thil ṭhalo tuah cu chimh cawnpiak hau kan si lo, thil ṭha tuah tu cawnpiak hau mi kan si. Tahchunhnak ah, bia chiakha siseh, thil ṭhalo (chiaṭha in volhpamh, nupa sualnak, dehhlennak, lihchim, fir, tbk) hi ahohmanh nih fale kan cawnpiak bal hna lo, sinain chiaṭha thleidang kho kan si hlan in kan thiam dih mi an si. Kan taksa ṭhanlianh ning in kan thinlung le khuaruahnak zong nih thil ṭhalo tam deuh a cawn, a hngalh i nun nih a pal thluahmah. Cucaah, thil ṭhalo zei an si, thil ṭha zei an si, nunzia dawh le nunsual nun zeidah an si ti cawnpiak cu chungkhar rian a si. Fale nuncan ziaza cu chungkhar ah ai hngat kan ti hnga cu!

Phungthluk ah, cangai cu sir in a pi kal caah a fale zong sir thawn in an kal ti kan hngalh dih. Kan fale nuncan ziaza hi nu le pa cung ah ai hngat ve. Tuchan ngakchia bang cu an fim tuk cang i hmurka in cawnpiak nakin tuahsernak hi an i lak fawi deuh. An nun ah rian zong a ṭuan deuh. Bia nakin tuahsernak aw a thang deuh an ti mi kha si. Cucaah nan fale hi thil ṭha tuah hna seh, nunzia dawh in nung hna seh ti na kan duh ahcun, fale thlalang kan si ti hi hngalh a herh. Zu ding sa-ei na si le thurhnawm zukhmawm tawng mi kan si ahcun, kan fale nih kan nawl an i cawn ve ko lai. Thangṭhatnak lei ah ai biatak mi kan si ahcun, kan fale zong biaknak ah an i biatak ko lai. Taktak ti ahcun nan fale kan lung a fah biknak cu, zu ding sa-ei nu le pa kan i ngeih mi hna hi nan si. Kan i lawmhnak zong zu ding sa-ei lo mi nu le pa kan i ngeih mi hna hi nan si. Culawng si lo, nupile lungretheih biknak zong hi zudin-sa-ei hmang mi pasal vat a si; cu bantuk ṭhiamṭhiam in hringtu nu le pa lungretheihnak zong hi fale zudin hmang mi kan kong ah a si. Fale kan ca ah zohchun awk a tlak mi, nun cawn awktlak mi si hi a herh tuk. Cucu Bible zong nih an fial mi hna a si. *"A ding mi le a dik mi thil tuah hi ka nawlbia zulh a si ti kha a fale a cawnpiak hna nakhnga, amah cu ka thim cang..." a ti (Gen.18:19).* Cucaah nu le pa hna, nitin nan nunzia hi thaizing nan fale kan hmanthlak, theipar le nunchimtu an si tihi ruah tlak a si.

Revolutionary Parenting cauk ṭialtu, George Barna nih, *"Fale hi Pathian sin in hmuh mi laksawng sung bik an si ti a pom kho mi nu le pa nih cun chungkhar pumhnak hi thlarau lei karhlannak hrampi a si ca ah, a daithlang hrimhrim lai lo"* tiah a ti. Fale nih kan herh bik mi hi Pathian dawtnak a tingco mi nu le pa ngeih a si. Vawlei cung ah mivanchia bik mi ngakchia hi Pathian dawtnak a hngal lo mi nu le pa ngei mi kan si. Cu ralkah in nu le pa nan i lawmh biknak hi nan fale nih Khrih dawtnak kan tinco i, biatak chung ah kan nun hi a si (3 John). Na nun i purdap hmanh! Na fale ca ah mizei dah na si? Jesuh Khrih kha a hngal fiang lo mi ca ah cun mi sawhsawh a rak si. Kannih teh, Jesuh hi kan ca ah ahodah a si? Hna theihnak in theih vial sawhsawh mi mi sawhsawh maw a si? A hngalh teh kan hngalfiang maw? Na hngalhfian ahcun cu na hngalhfian mi kong, zungzal nunnak a si mi Jesuh kong hi fale ca ah nun siaherhnak na ngei bal maw? Nangmah nih na hngalhfian bantukin na fale nih hngalfiang ve hna sehlaw, a biatak chung ah leng hna seh ti na duh maw? Johan nih cun *"Ka fale hna biatak chung ah an nung ko ti theih tlukin thawngpang dang theih ka duh mi um ti lo* (3 John 4) a ti.

Hi vialte hi dawtnak nih a hrin ding mi an si. Kan fale kan dawt hna i nunzia dawh in nung hna seh, thinlung nuam le mi hmai ah an mithmai hngal seh ti kan duh a si ahcun, nu le pa nun remh hmasa a hau. Dawtnak hi chungkhar nun tlaitu a si a biapi hringhran. Dawtnak a lennak chungkhar cu, har caan ah siseh, lawmh caan ah siseh, dirkamhtu, hnemtu a si zungzal. Kan sining a kan hngal biktu, ruahnak a kan petu, forhfialnak thazaang kan laknak le kan herhbaunak phihkharpiaktu zong a si. Taktak ti ahcun, chungkhar a fehfuantertu hi ngeihchiah a si lo; rualchan cingla tampi ngeih a si fawn lo; dawtnak le theihthiamnak a si. Chungkhar lawnglawng hi nun tawdomhnak le a reu kho lo mi dawt kuang umnak a si. Na nunnak ah mi theihhngalh tampi, hawikom tampi na ngei men ko lai, sihmanhsehlaw hringtu nu le pa nih an in uluk tluk in an in daw lai lo. Zeicahtiah taksa, thinlung le thlarau nun ṭhannak ah a reu kho lo mi dawt kuang hi, nu le pa thinlung a si.

c. **Chungkhar Vanram**

Vawlei chungkhar nuam sersiamnak ah hin nu le pa lawng an biapi lo, chungkhar milu dihlak kan biapi. Kan dihlak in chungkhar nuam sernak ah thazaang kan chuah, ruahnak kan chuah, thinlung kan bungh a hau. Zeicahtiah, minung pakhat ruangah chungkhar a kekkuai kho. Chungkhar minṭhatnak vialte a muichiattertu le limhaang zortertu hi minung pakhat ruang a si ṭheo. Cucaah kan dihlak kan biapitnak cu a si. Chungkhar a ngandam ahcun zatlang ngan zong dam. Zatlang ngandam ahcun khuaram ngan a dam ve. Facebook ah ka lung a tong ngai mi zukcawl pakhat ka hmuh: Voikhat cu kawi farual pathum khual an tlawng. Khuate pakhat an phanh ah khin mi inn tualchum kheo thingkung ngaidem tang ah an i din. Inn ngeitu nu a rak chuak i, ka pale rual ka hmuh bal mui nan keng lo nain, nan ṭhutnak caan a sau cang. Innchung ah rak lut ulaw ti hna rak ding u, rawl zong kan serpiak hna lai, a ti hna. An lak pakhat nih a leh i, "Minu nan pa a um maw?" tiah a hal. Kan pa cu rian in a lawi rih lo a ti. Minu cu an thawh i, "Nan pa a um lo ahcun kan rak lut duh lai lo," an ti i a luhtak hna. Rian in an pa a rak lawi. An inn hmai thingkung ngaidem tang ṭhu kawi farual pathum kong cu a hei chimh. A rannak in va au hna. Khualtlawng lamli mi cu an ba lai, an rawl zong ṭam cang lai. An ti zong hal lai, a ti. An nu cu leklak a va chuak i kan pa a rak lawi cang. Innchung ah tha i damh hna seh, riah an duh cun riak hna seh an ti hna a ti. Minu na kan dawtnak le siaherhnak cung ah kan i lawm. Amahbelte kan pathum cun kan rak ra kho lai lo. Mi dang inn zong ah hmunkhat ah kan lut bal lo an ti. Minu cu a lau. Zeiruang ah, zeitin si, a ti hna.

An lak pakhat nih, "Anih khi a min ah 'rumnak' a si. Pakhat deuh khi 'hlawhtlinnak' a si. Kei hi 'dawtnak' ka si. Va kal law nan pa cu va chim. Aho dah nan khuallian ca ah sawm nan duh," a ti.

An nupa cun an i ceih. Rumnak hi khuallian ah cun sawm ah ṭha ko lai. Rumnak nih khua a kan sakpi ahcun zeidah kan herh mi um ti. Kan rum lai, nun kan ceen kho lai. Kan duh mi kan dingei kho lai, kan duh mi thilri kan i hrukaih kho lai. Kan duh mi hmunhma ah kan kal kho lai. Vawlei nunram kan co lai, tiah an pa nih a ti. Sihmanhsehlaw an nu lungtling lo. Rumnak nakin hlawhtlinnak hi kan khuallian cu siseh. Hlawhtlinnak nih a kan umpi ahcun kan tuah mi kip ah khuaawng kan tong lai. Zawttlak kan ton lo ahcun nuamh zong kan i nuam lai. Kan kawlhawlnak ah siseh, chawlehthalnak ah siseh, kan chunmang kan dawinak ah siseh, zei kan tuah hmanh ah kan hlawhtling lai i, nuamhnak le lawmhnak ni a tlang zungzal lai a ti i an pa cu a al. Cuti an i al len lio cu an fanute nih a ngaih ko hna. A thawh hna i, "Ka nu le ka pa, kan chungkhar ah hin 'hlawhtlinnak' zong kan herh lo i, 'rumnak' zong kan herh lo. Kan herh bik mi cu 'dawtnak' a si. Cucaah 'dawtnak' hi kan khuallian ah cun ṭha hnga lo maw? Dawtnak nih a kan umpi ahcun chungkhar ah dawtnak a leng lai. Dawtnak a lennak runinn ahcun ngapih le anthur haang he lawng hmanh eika thaw an ti lo maw? Rumnak cu kan khuallian hei sisehlaw dawtnak um loin sikvuaknak le tukdennak, volhpamhnak, awhrang le bia thlumal lo lawng a lennak innchungkhar sisehlaw kan i nuam hnga maw? Kan rumnak cu cubantuk dirhmun ah kan i nuamhpi kho taktak hnga maw? Cubantuk ṭhiamṭhiam cun "hlawhtlinnak" zong cu kan khuallian va sisehlaw, kan hlawhtlin rualrual in sikvelhnak le ṭahhramnak thawng nih kan chungkhar hnin seh, theihthiamnak um loin uhṭanhnak le lunghrinhnak nih hmunrolh tikah zeidah cang lai? Nuva ṭang ṭhennak, chungkhar kehkuainak nih a zulh colh lai. Sinain dawtnak nih a kan umpi ahcun theihthiamnak a um lai, ngaihthiamnak a um lai. Kan i dawt ahcun kan i nuam ko lai. Kan i lawm ko lai. Dawtnak pin ah zei dang dah kan herh mi a um rih," a ti hna. An fanu ruahnak cu an nupa in an lungtlinpi i 'dawtnak' va sawm dingin minu a va chuak. Ahodah dawtnak si, kan khuallian ah kan in sawm, a ti. Dawtnak cu a tho i minu hnuzul in a kal. Cu rualrual cun adang a hawile nih an zulh. Minu a hun i mer i an dihlak in an zulh a hmuh. Ziah! Hmunkhat ah kan tlung lo nan ti kha pei, nan ka zulh dih ne, a ti hna. Kawi farual nih cun an thawh i, "Minu rumnak siloah hlawhtlinnak maw, pakhatkhat hi nan khuallian ca ah kan sawm ulaw, adang pahnih cu tlun inn dang kan kawl hnga. Sinain dawtnak nan sawm caah kannih zong kan itel kho. Zeicahtiah, dawtnak a umnak hmun ah rumnak le hlawhtlinnak zong hmun kan co kho ve, an ti.

Vawlei a si bantukin suingun chawva hi kan herh ko. Hlawhtlinnak zong kan herh ko; sinain chawva hi kan riit awk a si lo. Cheukhat cu chawva kan ri. Tangka lawng kan ti i chungkhar kan daithlanh. Fanu fapa kan daithlanh hna. Khuasaknak ah tangka rit hi ṭihnung bik a si. Tangka riit ah cun thlachiat ruah khawh a si lo. Kan ngei deuhdeuh, kan i phorhlaw deuhdeuh. Kan ngeih tikah mi zeirellonak lungput kan ngei fawn. Ngeih lo lungfah in fir le tlei, lainawn tiang hmanh a chuahpi. Hihi chungkhar khuasaknak ah tangka cungcuan ah kan chiah ruangah a si. Nunnak ah tangka sang bik ah kan chiah caah si. Taktak ti ahcun dawtnak hi cuangcuan bik a rak si awk a si. Zeicahtiah, fale nih an herh bik mi zong dawtnak, nupi pasal zong nih an herh bik mi hi dawtnak a si. Dawtnak in chungkhar na lumhsatter ahcun hlawhtlinnak le rumnak hna zong i lawmhpi khawh, i nuamhpi khawh an si.

Dawtnak hi chungkhar nih a herh bik mi a si. Chungkhar nuam kan ser lai ti'n suingun chawva kawl hmasa, hlawhtlinnak kawl hmasa hi a rak si lem lo, dawtnak tu rak sawm hmasa, dawt kuang rak khahter hmasa tu a rak si. Dawt kuang khahter ding ah duhnak nakin dawtnak a hmaisat a hau. Mi tampi cu duhnak le dawtnak kan thleidan thiam lo ruangah chantlung in nu le va kan i kepceng kho lo. Hihi dawtnak nakin duhnak kan papek zungzal ca ah a si. Cucaah hitihin duhnak le dawtnak an khing ka thlai hna: Duh mi hi dawt khawh peng a si lo, dawt mi cu duh peng khawh a si. Duhnak cu ziam a hmang, dawtnak cu chantlung tiang a hmun. Duhnak cu a haakkau, dawtnak cu zumh a tlak. Duhnak cu a mitcaw, dawtnak cu a mitdei. Duhnak cu a zuangzam, dawtnak cu a lung hmun. Duhnak cu ṭanhhlei le uarhlei a ngei, dawtnak cu ruangte in mi a zoh. Duhnak cu a ingchia, dawtnak cu a thinfual. Duhnak cu a koktlong, dawtnak cu a nunnem. Tampi chim awk le ṭial awk a um rih lai. Langhter duh mi cu, dawtnak a lennak chungkhar cu chungkhar vanram, vawlei nun ram cotu an si. Chimnak hmanh ah, dawtnak a umnak ah cun anthur tihaang le ngapih he lawng zanriah dum hmanh kaathaw ti si. Zeitintiah, dawtnak cu in khawhnak a ngei, ruahthiamnak a ngei, theihthiamnak a ngei. Rumnak, hlawhtlinnak le lawmhnak kan ti mi hna hi dawtnak lo cun pakpalawng an rak si. Dawtnak tel lo cun ngandamnak hmanh hi lawmhnak le hnangamnak petu ah an cang kho lo. Ṭuankawl khawhnak damnak ngeih ko, suingun thluachuah tampi rel ko, inn le lo ṭha ngeih ko, khimso tein din-ei awk ngeih zong ah dawtnak tel loin khuasak ahcun lawmhnak le nuamhnak ah an cang kho hlei lo; lungdaih hnangamnak, remdaihnak le lunglawmhnak a lennak ram le hmun cu "dawt kuang a khat mi chungkhar" ah a si. (Rumnak phun hnih tang ah tling deuh in ka langhter).

Nihin Laimi tampi nih kan ton mi thil lakah chungkhar vanram sernak dawntu a si ko rua, tiah ka ruah mi cu: nu rian le pa rian ti'n kan ṭhen mi hi a si. Kan kotho le nunphung ning in nu rian le pa rian kan dan mi an um tak ko. Kanmah lawng kan si lo, Africa or Middle East ramkulh chung nunphung hna khi zoh hmanh, nu rian le pa rian thleidannak a fak ngai. Innchung rian, tappi lungthu tlaih, umkheng fimtawl le thianhhlimh, thil-suk le ngakchia zitmuai cu nupile rian bak ah chiah a si. Nupile nih tuah fial hmanh ah pa ka sinak na hmaizah lo an ti hna i an dindorh hna lo. India ram, a hlei in thlanglei (Karela, Tamil Nadu) ramkulh phung zong khi, nu le pa thleidannak a fak ngai. Annih India phung ah cun, pa nih nu ṭhit (man pek) a si lo, nu nih pa (pasal) man pek khi a si. A fawinak cun, nu nih a pasal ding pa a cawk ti khawh a si. Cucaah man a tam, minung pa pakhat ah India tangka in sing 5 lengkai pin ah, inn le lo, mawṭaw le ṭilva tiang in ai hauh tawk zong an um. Chungkhar an van dirh tikah mithmai i chiatnak tampi a chuahter ve. Lei le rai i cawh le hal lengmang ruangah nu le va i sikṭhiatnak le mitchinh kam-seh in mah le mah i thahnak tiang a chuak. Man a tam tuk tikah pa nih innchung rian vialte tuah a si (an dihlak cu an si lai lo, nain thlanglei India cu an si deuh hna). Laimi zong nu rian le pa rian thleidan kan hman mi nih chungkhar a buaibaiter tawn. Nihin kan chan covo san chan ko ah buainak lianpi chuahpitu ah a cang. Covo nih tlukruannak a kalpi, a aupi tikak na rian hrimhrim a si, na tuah awk a si ti'n kan nupile zong rian hnek awk an ṭha ti lo. Rianṭuan thadit zaangbat cio hnu ah inn le lo rian kemhchih, fale zohkhenh, tappi lungthu tlaih in chumhchuan hi mi pakhat ca lawng ah a fawi lo. Pasalle nih nu pei na si cu, inn rian cu nu rian ti phun in anmah lawng rinh kan hmang. Cucu a dik lo. An i phakzawhlo caan ah cucu van tuah ta, khikhi van ti ta, tiah nupile nih fial chukcho a um tikah ka um sawh hi na ka zoh kho lo, ka ṭha na ui tuk ti'n biakam dawh lo in kan chawnhbiak tawn hna caah nu le va karlak buainak a chuak tawn. Cu bantuk cu a si awk a si lo. Chungkhar vanram, a nuam mi chungkhar ser ding ah nu rian le pa rian dang lo tein, kutte zongza lungput he kan dihlak in kan ṭuan, thazaang kan chuah, kutke ngeih kha a biapi tuk. Pakhat le pakhat thilrit i chawn zong a si. Hihi nupi le vale kar ah a biapi taktak mi a si.

Chungkhar kong he pehtlaiin Pastor Abednego Cenhrang nih hitihin a chim: chungkhar hi thingkung he a tahchunh. Thingkung a biapitnak cu a hram a si. Zeicahtiah, a hram a hat le feh ahcun a kung ṭha. A kung ṭhat tikah nge tampi a chuak, hnah tampi a corh, thei ṭha a tlai. Cu a hram cu Pathian he tahchunh a si. A tawinak cun, chungkhar khuasaknak ah Pathian kha pakhatnak ah kan chiah lo a si ahcun, chungkhar vanram kan ser kho bal lai lo. Chungkhar vanram kan sernak ah Pathian ai tel lo ahcun, kan nun ṭhannak ah dawnkhantu tampi kan ton tikah, pah kan i harh lai. Cu dawnkhantu kan tei khawh lo le pah khawh lo tikah, lungdongh in mah nunnak lak tiang hmanh a chuak. Naicikua kanmah Laimi chung hmanh ah mah nunnak i lak in thih a tam. Hihi ahohmanh nih an ka daw lo, an ka hramkau lo, hnu an ka chit ti mi lungthin ngeih, lungfah le nun beidonghnak in a chuak mi a si. Cucaah mah nunnak lak siivai kan doh khawh nakding ah chungkhar ah dawt kuang khahter a hau. Chungkhar suttung hi Pathian dawtnak a si herh. A pahnihnak ah thingkung a biapitnak cu a kungpi a si. A kung um lo ahcun a hnah a um kho lo, nge a um kho lo i, thei zong a tlai kho lo. Cucu hringtu nu le pa he tahchunh a si. A kan hringtu um lo ahcun fale kan chuak kho lai lo. Cucaah dawt an phu. A pathumnak ah, thingkung a nge. A nge cu chungkhar ah fale he tahchunh a si. Thing-nge nih a hram le a kung thazaang hmang in thing-hnah a corhter, theipar a chuahpi bantukin, chungkhar tunmernak, khuasak tintuknak ah fale zong thazaang chuah a hau mi kan si tinak si. A palinak ah, a theitlai. A theitlai cu dawtnak, nawlngaihnak, upatnak le zawnruahnak hna he tahchunh a si. Hi theitlai a um lonak, a len lonak chungkhar cu chungkhar nuam, chungkhar taktak (true family) kan si kho lai lo. Zeicahtiah, chungkhar kan ti mi cu, Pathian thluachuah ai hrawmṭi mi, ngeihchiah in ai bawmchan mi, ai kilhkamh le dirkamh mi, lungthin ruahnak pakhat he chungkhar ah lungrual tein, dawtnak le theihthiamnak he khuasa mi, sining ai hrawm kho mi kha an si. Cucu Pathian nih chungkhar a serchan, nu le pa a fonhtonh chan le chungkhar nun taktak cu a si.

3. Hawikomhnak le Pehtlaihnak

Hawikomhnak le pehtlaihnak hi tlanglawng lam bantukin a kalṭi peng mi, ṭhen awk ṭhalo mi an si. Kan biahram ah, minung cu mah lawng um ding in ser kan si lo, hawi he um ding in ser mi, bawmtu herh in ser mi kan si, tiah ka ṭial cang. Kanmah minung lawng hmanh si loin, ser mi thil pohpoh, saram an si ah, thilnung hna zong nih pehtlaihnak le hawikomhnak an herh, an duh ti si. Minung chinchin nih cun pehtlaihnak le hawikomhnak cu kan herh tuk mi a si. Kan holhnak hmanh ah, mi le mauhram ti a si i, ai herh mi lawng te kan si. Mirum zong nih an herh, sifak zong nih kan herh i, milian zong nih an herh. Ai herh mi lawngte kan si hna. Thisa in pehtlaihnak kan ngeih hna lo zong ah minung sican ning ah ai herh mi kan si dih. Pathian hrimhrim nih minung hi hawi he ai kom ding, pehtlaihnak ngei ding hrimhrim in a kan ser. Cucaah minung sinak ah midang he pehtlaihnak hi kan herh bak in kan herh. Chungkhar he pehtlaihnak, duhdawtnak in komh mi he pehtlaihnak, zatlang pehtlaihnak..tbk., kan herh, kan ngei fawn. Amahbelte mibing cio, pumpak cio nih naihniam deuh in tlaihchan khun, thuk deuh in pehtlaih khun kan ngei hna. Hihi hawikomhnak le pehtlaihnak ngei loin kan um khawh lo ruangah a si.

Vawlei cung ah a poi bik mi hi hawikom he pehtlaihnak sungh, rualchan le hawile he dawtnak, hawikomhnak hri cah hi a si an ti. Thihloh ṭhennak siloah hmunhma i dan ruang nunṭian si loin, ngaihthiamnak um lo ruang hawikom kar ral ser ruang ṭhen khi chim duh mi a si. Kan i dawtnak le pehtlaih hawikomhnak hri a cah ahcun i tlaihchannak a zor i, ngamhnak a tlau. Kan i tlaihchannak le ngamhnak a tlau ahcun i zahnak le ṭihnak nih phentu vampang a chon, cu tikah kan i hlat deuhdeuh. Nihin vawlei cung zawtnak ṭihnung bik hi cancer a si lo, COVID-19 zong a si lo, pehtlaihnak le hawikomhnak hri cah hi a si. Kan chantiluan tlik a cah tuk cang caah cu zawtnak nih mi vialte a kan tlunh cang. A hlan ah vawlei a bi i Lairam a kau rak ti tawn mi kha, nihin ah cun a si ti lo. Vawlei hi khuate (global village) dirhmun ah a cang. IT (Information Technology) chan kan phan ciammam i zaran cu chan thar zawtnak in kan ngor. Lamhla um hawikom he naihniam tein a kan umter kan ti lio ah, taksa pum in kan pawngkam um mi he a kan hlatter ve. Kan kiang ṭhu kan nupi le fale he lungduh biaruahnak, bia nuam phainak le hawikomhnak caan ngei loin, kan hmuh bal lo le theihhngalh bal lo mi, vawlei killi um mi tu he kan i pehtlai deuh cang. Cakuat in siseh, aw in siseh, Facebook kuang ah a rak lang mi hmanthlak, thawngpang le a dangdang hna zohnak le bihnak in ni-caan kan hmang deuh cang hna. Hi nih chungkhar hawikomhnak le i pehtlaihnak thazaang a zorter. Kala (Indian) muicawl pakhat nih nihin vawlei zawtnak a thlak mi pakhat ah:

Tualleng sianginn kai ngakchia pawl cawnpiaktu pakhat nih an hmuitinh le si an duh mi a hal hna. Mi pakhat nih a thawh i, "Sayama kei cu Smart Phone si ka duh bik," tiah a ti. A sayama nih ai ruah lo tuk mi bialehnak a theih tikah a lau. Ziah! Smart Phone si cu na duh, zeiti zia, tiah a hal. A leh mi cu, "Ka nu le pa hi Phone an duh tuk. Ka pa nih a umkalnak kip ah phone ai ken peng, zeitik hmanh ah a philh bal lo; sinain lamlen a kal caan le lengchuah caan ah ka uh (sin kal hauh) zong ah a ka kalpi duh bal lo. Ka nu nih

*phone chawnh (call) a don fatin tlaih a tlolh bal lo, sinain mitthli
he hrom fak in ka ṭah lio ah a ka hramkau lo. Ka pa rianṭuan lo ni-
caan, inn a um caan zong ah phone game ai kah (celh) peng, sinain
lentecelhpi ka duh caan le ka va tuaitam caan hmanh ah a rem lo,
lentecelhpi ka tong bal lo. Ka mit a kuh caan le hngilh ka duh caan
ah, ka pa ka pomcawi, ka pua law ka awi ka ti zong ah a duh bal lo,
sinain phone tawngh le game kah cu caan a pek peng fawn. Ka pa
nih a ka rem lo ti'n ka nu sin ka va kal le lentecelhpi ding in ka va
sawm caan ah hin, "phone ka chawnh lio hi na hmu lo maw ti in a
ka aukhok (sikcak) peng fawn. Zan ih hngilh kar hmanh ah ka nu le
pa nih an lu cungte ah, an pawngte ah phone hi an chiah zungzal,
sinain tuante ah hngilh le ih ka duh hmanh ah an ka ihpi duh lo. An
phone battery tuum cu an philh bal lo, sinain ka rawlṭam caan
rawlpek an ka theih lo le philh caan hi a tlawm ti lo. Hiti a si caah
smart phone ka si ahcun khoika an kalnak le zei thil an tuahnak
hmanh ah an ka kalpi lai i an pawngte ah ka um peng kho lai,
cucaah smart phone si ka duhnak cu a si," tiah a leh (hihi tuanbia
tak a si).*

    Nihin Laimi nu le pa tam-u kan chambau bik mi hi fale he
pethlaihnak a si. Midang he pehtlaih le hawikomh cu kan thiam tuk
nain kan chungchuak fale he pehtlaih kan thiam lo, hawikomhnak
kan thiam lo. Midang he i hawikomhnak ah cun nikhat ah bia kaa
thong khat zong kan chim ko hnga, sinain fale he pehtlaihnak le
hawikomhnak ah cun kaa kuahra lawng a si. Hawile he bia nuam
phai, ṭhuttoṭi le biaphawngden cu nuam kan ti tuk, a thiam zong kan
thiam tuk, sihmanhsehlaw chungchuak fale he capo saih le bia nuam
phaiṭi kan hmang bal lo. Hiti fale le nu le pa kar pehtlaihnak le
hawikomhnak thazaang a der caah tlaihchannak a zor i, ngamhnak
a zor. Tlaihchannak le ngamhnak a zor tikah fale nih harnak kan ton
ah siseh, lawmhnak kan ton ah siseh, kan lungduh bia zong kan in
ruah ngam ti hna lo. Kan nu le pa kan ṭih hna i kan zah hna caah
kanmah tuar in zei poh kan tuar. Minchiatnak huah sual a si le fale
mawh phorhter. Taktak ti ah cun nan fale min chiatnak ah hin nu le
pa zong nan i tel ve. Zeicahtiah, nanmah nih nan fale pehtlaih le
hawikomh na kan thiam lo ruangah kan nun nih sualnak, thil ṭhalo

tampi a pahchih mi a um. Ram dang bang hna ah cun mah duh ning
cio in um le nun a si tikah fale pehtlaihnak ṭha a ngei lo mi nu le pa
cheukhat cu zarh khat ah voikhat hrawnghrang lawng fale mui a
hmu mi an tam tuk cang. Chungkhar tling in tirawl dum caan a um
kho ti lo. Thlacamnak ngeih duh hmanh ah fale kawh-auh khawh
kan si ti lo. Nan lungfahnak kan tuah tikah, nan duh ning in kan um
lo tikah, fale nan kan mawhchiat fawn. Hi vialte a hrampi hi nu le
pa nan rak si. Nanmah nih hawikom ah nan kan ser lo le pehtlaih lo
caah a si.

13 May 2018, hringtu Nule Ni ah ka pa he kan rak i chawn.
Zeidang kong chimruah loin anmah (ka nu le pa) sin khuasa ka unau
nih an lumhsat (umhar phen, hnangamh, lawmhter) lo ning kong pin
ah, fale a uhṭanh hnanak kong a rak ka ruah. Mitthli he fale he
nuamte le daw tein khuasakṭi a duhnak le a duh ning in a fale an um
lonak kong a ka ruah. Cu lio ah ka rak ti bal mi cu, ka pa na tlai tuk
cang. Na fale cung ah ngaihchiatnak na ngeih mi le uhṭanhnak na
ngeih mi hi nan fale kan ngakchiat lio ah nan rak tuh mi theipar a
si. Kan ngakchiat lio ah khan fungfek hmangin na kan chimhhrin.
Awka hrang in na kan cawnpiak lengmang caah nan fale nih kan in
ṭih hna, a zah zong kan in zah hna. Ṭihphannak le zahnak nih kan
nun a chilhkhuh tikah kan ton mi thil kip kan in chimruah ngam hna
lo. Nanmah he ṭhuttoṭi le bia nuam phaiṭi kan duh hmanh ah kan
ngamh ti lo. Kan pawngkam nan to le um hmanh ah kan siarem lo,
nuam kan ti lo, zeiti khin dek kan um. Kan in dawt tuk ko hna nain
nanmah nih pehtlaih na kan thiam lo ruangah le hawikom ah nan
rak kan ser lo caah, thinlung in kan in hlat hna lo nain pumsa in kan
in hlatnak hna le bia hmurka in kan in hlat hnanak hi a si, ka rak ti.
Hihi kanmah chung lawng nih ton mi a si lo, Laimi a tam-u nih ton
mi a si. Fale chimh cawnpiak kan thiam lo i a nemnak le bia hmurka
in cawnpiak khawh ding zong a hro in kan hro hna i fungfek he kan
cawnpiak hna. US le Australia ram bantukin ngakchia covo um
sehlaw Laitlang um Laimi nu le pa tam-u cu thong an tla hnga. Chim
duh mi cu, fale chimhhrin le cawnpiak zia kan thiam lo caah fale le
nu le pa kar ah ral ai sernak kha si. Fale cu nan hawikom ṭha bik ah
ser ding a si mi. Caan pek in anmah he caan hmanṭi, bia nuam phaiṭi

ding a si mi kha nan tuah lo ruangah fale an cutzat (lungfim hnu le nupi pasal ngeih hnu) tiang hmanh ah i ṭihnak le zahnak a tlau kho lo. A donghnak ah uhṭanhnak in lungfahnak tiang a chuak. Cucaah hi ca a reltu kan dihlak nih fale pehtlaih le hawikomh thiam i zuam hna usih. Cuti kan tuah a si ahcun chungkhar a nuam lai, pumpak cio kan nun zong nuamhnak le lawmhnak in a khat ko lai.

A cung i ngakchia nute tuanbia khi ruat hmanh, zeitluk in dah nihin IT chan ah vawlei a zawt i chungkhar tiang a hnursuan na hngalh ko lai. Rev. Dr. Stephen Hre Kio nih a chim bal mi cu, "Nihin US khuasa laitlai nu le pa lungretheih bik mi cu fale game celh nih a lem cang mi hna kong a si," a ti. Anmah lawng an si lo, Europe ram le Australia ram um zong nih kan ton mi le lungretheihpi bik mi ah a cang. Ram ṭha ah cun Laitlang bantukin hmunkhatpi ah ihnak khaan a um ti lo. Kan ṭhutdirnak inn le lo nih a chit le pek le bang ah cun kum 10 cung poh cu ihnak khaan dang cio in pek an si. Cu tikah an ihnak khaan ah an ngam tuk. Anmah le Ipad, tablet (tab) le phone cio an tawngtham i game phunkip an i kah tikah mileeng khaan ah an mui hmuh caan a tlawm tuk. An tawnghtham mi Ipad, tablet le phone nih an hna a ngamh tuk hna. Nu le pa he an i hmuh tlawm lawng hmanh si ti lo, sempi unau dang he zong caan hmanṭi le hmuh caan a tlawm cang. Zei hraw ton lo cun ti phun khin kan mui kan i hmuh hna lo zong ah kan tawnghtham mi phone cio nih a kan nuamhter tuk i kan i hlamsua lem hna lo. Khuamaw caan milengkai ngeih le pastor thlacam vah caan hmanh ah chungkhar tling in thlacamnak ngeih khawh a si ti lo. Cu lawng hlah, sunghno chuanrawl hmanh chungtling in dum caan a um kho ti lo. Chungkhar ah hawikomhnak le pehtlaihnak a tlawm chin lengmang. Hawikomhnak le pehtlaihnak a tlawm tuk caah tlaihchannak a fek kho lo, ngamhnak a um lo. Kan dihlak kan i ṭih, kan i zah viar hna i kanmah inn le lo um kha nuam kan ti ti lo. Kan thaw a chuah deuhnak, ralven awk um lo in kan duh ning tein kan um khawhnak, zei thil poh nuam tein kan tuah khawhnak hawile sin vah le um kha nuam kan ti deuh cang.

Nai hrawng laitlai Laimi chung in kan ton mi thil zoh hmanh, US le Australia kan naule tleirawl misual phu (gangsters) lut an tam ning! Laimi an itel le tel lo kong ah ka chim duh mi si loin kan zatlang nun a zawt ning langhter ka duh. Laitlang dirhmun in cun chim awk a um lo, ramleng khuasa dirhmun in cuanh ka duh. A ruang cu Lai tleirawl tete tampi nun ning a dikcak ti lo. Keimah hmuh ning in chim ahcun, anmah mawh ah ka chia thlu lo, nu le pa mawh ah ka chiah deuh. Nu le pa hna nih fale pehtlaih kan thiam hna lo ruang, fale he hawikomhnak caan ser loin khuasak tintuk lawng kan ruah ruang le suingun chawva ah kan rit ruangah a si ti in ka hmuh. Rian le khai lawng kan ruah caah kan fale zei an tuah kan tuak lo, zei an lawh kan ruat lo, anmah um in kan umter hna, kanmah um in kan um ve. Cu tikah zarh khat ah voi hnih-thum fai lawng fale (a bik in tleirawl) mui kan hmuh hna. Inn an um zawn le leng an chuah zawn hmanh kan hngal ti hna lo. Hawikomhnak kan ngeih hna lo ruang, kan pehtlaih hna lo ruangah fale le nu le pa kar ah i zahnak, ngamh lonak rallian a tlung. Cu zahnak le ngamh lonak rallian nih a chuahpi mi cu, midang kan hawikom naihniam sin ah thaw i chuah a si. Phun dang in kan chim ahcun, nu le pa nakin kan hawile kan tlaihchan deuh cang hna, tlaihchannak a bau kan ti lai cu. Tlaihchannak a bau ahcun ṭihnak a chuak. Cu tikah innchungkhar ah kan tlumtla kho tuk ti lo. Mah inn le lo cia ah i erh peng le um peng kha a nuam kan ti ti lo. Hawikom he chuahvah le nuamhsaih kha kan lung nih a hiar in hiar, kan nun nih a hlam peng. Cu tikah, Lai phungthluk ah, "vokpi vak thal he lawi" ti a si bang, nu le pa he hawikomhnak reprai a ngei lo mi kan fale nih chungkhar ah lungretheihnak a lawipi (phorh) tawn. Hi vialte nun nan fale nih kan i ṭhanpi hi nu le pa nih nan hrin fale pehtlaih nan kan thiam lo ruang le hawikomhnak ṭha nan kan ngeihpi lo caah a si ko hnga lo maw?

A pahnihnak ah, kan fale cheukhat misual phu (gangster) ah an luhnak he pehtlai in, Childnet International nih a langhter ning in van com ning law: ṭihphannak an ngeih ruangah a si. Hi ṭihphannak chung ah, midang nih siseh, a phu in siseh kutthlak tuar lai an phan ruang, hawikom theihhngalh tampi ngeih duhnak, tangka hmuh duhnak hna pin ah, anmah misual phu chungtel a si mi nih ṭhihphaihnak in siseh, lemsoinak in siseh a lut mi an si hna. Tahchunhnak, sianginn kainak ah mi kutthlak tuar ṭih ruangah a ka chanh khotu le bawmchan khotu an si lai tiah kan ruah mi hna phu ah vai telpawl. Ṭihphannak ruangah kan itel ve kan ti lai cu. Cu misual phu kan itel cang rawh hnu pohpoh cu kanmah duh ning in um khawh a si ti lo, anmah misual phu haotu hna nawlpek ning in umkal a hau. An nawlngaih lo le nun nih a tuar ve ding khi a si. Cucaah ṭih cukmak bu le duh lo nabu zong in lainawn a fawi, thilfir a fawi. An tuah mi hi thil dikcak a si lo, thil dawhcah a si lo ti an hngalh i misual phu in chuah duh zong ah fawi ah chuah khawh a si ti lo, nungdam zong in a chuak lo an tam. Misual phu in chuah a duh mi poh cu anmah hawi lila nih ralhrang dum in dum colh a si. Cu tikah nun tartahak in an um. An hawile kut in fahnak temtuarter cikcek hnu i thih nakcun anmah tein i thah-nawn hmanh ai thim deuh mi tampi an um (ai that mi zong an um taktak). Ral i vennak ah an rak ruah mi phu kha nun thinphang khor chung ah an luh khi a rak si deuh.

A pathumnak cu, chungkhar pehtlaihnak tha der ruangah kan fale misual phu an luhnak hi a si. Zeitintiah, chungkhar pehtlaihnak le hawikomhnak tha a der tuk caah kan i naihniam ngam lo, biathup kan i chim ngam lo. Tlaihchannak a um lo ahcun i zumh ngamnak a um kho lo, zawnruahnak le hnakkar tenhnak zong a fawi lo. U le nau kar ah zawnruahnak le hnakkar tenhnak a um lo tikah thilrit a chawng khotu an hawile sin ah an thinlung le ruahnak an bungh deuh. An hawile nih le an duh ning an zulhpi hna, an tuahpi hna i anmah sin tlonlen kha nuam an ti tuk cang. Tlonlen le vah in thil ṭhalo tiang an tuah ngam cang, cu hnu cun anmah le anmah zong an i phuhrung i inn an panh ngam ti lo. Laitlang bantukin fungfek in chimhhrin le cawnpiak ngam an si ti lo tikah nun sualnak nih a ngerh thai ko hna. Hi bantuk nun khor chung ah Lai mino le tleirawl a tla mi kan tam tuk cang. Cucaah Laimi nu le pa nih hi nunsual ral hi kan doh a hau. Innchungkhar ah kan fale kan ngamter hna a hau. Kan chungchuak fale hi kan hawikom ṭha bik ah kan ser hna a hau. Kan pehtlaih hna a hau. Kan i ngamhter hna zong a hau. Cun Pathian bia zong tampi in kan khaih hna a hau. Pastor John Piper nih cun, "Fale nih khuasual an ton lo le thil sual an tuah ngam lo nakhnga, nu le pa nih Pathian a ṭhatnak nakin ṭih a nunnak, hremhmun hell ṭih a nunnak kong kan chimhcawnpiak deuh hna awk a si," a ti. Hihi a dik ngai ka ti. Cheukhat kan nu le pa cu nan fale nih thil sual kan tuah tikah awka-hrang rumro in nan kan sik, nan kan auhnawh, kut nan kan thlak i ngong viar in nan kan tuah. Nun nan kan chimh ko bu ah mi lemsoi nan thiam lo. Chungkhar pumhnak le thlacamnak tuah caan hi fale siknak le mawhchiatnak caan ṭha ah nan hman tawn. Cucu a si awk a si lo, Pathian bia in nun ṭhalo nun a ṭhatlonak, thil ṭha lo tuah a ṭhatlonak le cu kan tuah mi ruangah thlarau mit in kan intuar hnga ding dantatnak kan chimruah u, thil ṭha a tuah mi le nunzia dawh in a nung mi nih an co hnga mi thluachuah zong kan cawnpiak fawn u. Cuti nan kan chawnhbiak ahcun cu nih nan fale nun a kan cawm hrimhrim ko lai. Nan fale hi nan nunnak kan si taktak ko ahcun, caan tampi in kan pe u, bia thlum-al kan ruah u, varlung biaphawng dennak kan ngeihpi u, capo kan saihpi u, nan hawikom ah kan ser ulaw, innchungkhar ah nan fale kan thla tla seh, ngam usih, chungkhar vanram ser usih.

4. Lunglawmhnak le Nuamhnak

Minung vialte nih taksa, thinlung le thlarau damnak he nun i lawmhnak le nuamhnak hmuh a duh lo kan um lo; kan nunchan zong a si ti'n nunpek ngamh in cucu kan kawl hna. Biaknak lei in kan chim ahcun zei bantuk biaknak hmanh nih a cawnpiak mi le ruahchan mi a si. Khrihfa thawhkehka in nihin tiang a laar mi bia *"Asceticism le Hedonism"* biafang hna hi biaknak he pehtlai biafang ti usihlaw kan palh lai lo dah. *Asceticism* ti mi cu **"ascetic"** biafang hram ngei a si i *"biaknak ruangah duhnak i sum ngai in a nung mi,"* tiah Rev. Dr. David Van Bik chuah mi sullam fianh (dictionary) nih a ti. Baibal thiamsang tampi nih Tipil petu Johan, Jesuh, Jesuh zultu 12 le Lamkaltu Paul hna zong kha "Ascetic-biaknak ruangah duhnak i sum ngai in a nung mi" an si an ti. Nihin vawlei biaknak dang Buddhist, Islam le Hindu pawl tuanbia zoh tikah "Ascectic" tampi hmuh khawh an si ve. Naite a hung laar mi cu "Hedonism" hi a si. A sullam cu, "Nun hi a nuamh khawh chung nuam in hman ding, nuamhnak in ni liamter ding" ti khi a si. Bethlelem Baptist Church pastor John Piper a hung laar khunnak zong hi "Hedonism" in a si. Hawi dang nih vawlei mit in "Hedonism" an cuanh i an kalpi lio ah anih cu, "Filipi 4:4 le 1Thes 5:16 – a zungzal in i lawm u," ti mi chirhchan in thlarau lei hoih in a kalpi. A tawinak in ka chim ahcun, "Ascetic" cu nuamhnak kaltak in harnak i thim khi a si i, "Hedonism" cu nuamhnak partlanh in harnak vialte philh, nuamhnak le lawmhnak ah vai paih ti khi si. Zeidah kan i thim lai?

Lunglawmhnak kan ti mi hi kan ton mi le kan tuah mi thil zohchih in sullam kan pek ning ai dang cio kho. Cheukhat an i lawmhnak bik cu chungkhar sersiam a si kho, suingun chawva in ṭhancho a si kho, zohdawh hmun ah lungduh he lenvah, hawi he nuam tein len le carel le cabia ṭial tbk., hna an si kho men. Greek mifim Epictetus hi Rom siangpahrang **Nero Claudius Caesar Augustus Germanicus**, Nero ti'n kan theih ngai mi vengtu Epaphroditus sal a rak si. Sal kut in a luat hlan ah tukhremnak le harnak vialte a temtuar ve mi pakhat a si. A nun ah harnak le temtuarnak nih a rak zelh mi pa nih cun, "Nun nih a ton mi harnak le temtuarnak kan cohlan khawh lawng ah lunglawmhnak kan ti mi hi kan hmuh khawh lai, cucaah zeitik caan poh ah zei bantuk dirhmun chung kan um zong ah lunglawmhnak hi hmuh khawh a si ko," a rak ti bal. Phun dang in kan chim ahcun, lunglawmhnak kan kawlnak ah a biapi bik mi cu mah le mah i tei khawh khi a si. Nangmah nai tei khawh ahcun ai lawm mi na si ko lai. Mah le mah i tei a herhnak cu kanmah lila hi kan ral lian bik kan si caah si. Kan hawikom an si lo, kan innpa an si fawn lo. Sianginn kainak ah siseh, rianṭuannak ah siseh, zei thil kan tuahnak kip ah zuamcawhtu zong kan ral lian an si lo. Kanmah lila hi kan ral lian bik kan si (hi mah le mah tei khawhnak kong cu, Dal 4 chung ah tling deuh le tam deuh in kan langhter). Cucaah lunglawmhnak ngeih khawhnak lam pakhat cu lunglawmhnak a umnak kanmah i tei khawh hi a si," a ti. Lunglawmh muru taktak hngalfiang loin lenglei thil ah lunglawmhnak kan kawl. Taktak ti ah cun lunglawmhnak dik cu kanmah chung lila ah hin a um; na thinlung, na ruahnak, taksa le nunnak kha daite le rem tein na chiah, na hman khawh mi kha lunglawmhnak cu a si ko. "Na lunglawmhnak ding ca ah midang na herh hna lo, thilri zong na herh lo, pumpak tuahṭuannak le cawlcanghnak in lunglawmhnak hi hmuh mi a si," tiah Stephanie Kirby nih a chim. Cucaah cu bantuk lunglawmhnak hmuh a duh mi hna nih:

- Nangmah le nangmah nai dawt le uluk a hau.
- Nangmah thachiatnak le hrawktu a si mi minung siseh, thilri siseh hrial hna.
- Ruahnak ṭhalo, nahchuahnak, thinhunnak le ṭihphannak hrial i zuam.
- Na taksa, thinlung le nunnak ca ah a ṭha mi tirawl din-eipiak le tuaktanpiak.
- Nangmah le nangmah cung ah dawtnak le zaangfahnak ngei, cun midang cung ah.
- Mi hmai ah hmaipanh le mirh bu tein um khawh, pawngkam sining zoh thiam.

Hi hna hi na tuah khawh a si ahcun, milunglawm na si ko lai. Cinken awk cah ka duh mi cu, *"Nangmah pumpak ca ah lunglawmhnak na kawl a si ahcun, an zaamtak lai; sihmanhsehlaw midang lunglawmhnak ca na kawl a si ahcun, nangmah pumpak ca ah na hmuh lai."* Minung hi pumpak lunglawmhnak, thinlung duhnak nih uk mi kan si hngal loin, a kan lawmhtertu thil-nupi pasal ca ah kan duh tak lo mi hna he ihṭi; fale nih duh mi si loin nu le pa nih hnekchom in ṭhitvatter; tangka nihlawh hmuh tam duh ruangah kan ṭuan huam lo mi le uar lo mi rian i khinh; zuk-hmawm le rithai-sii khor chung luh; kan ngeih cia chim lo, docawi thlaipat tiang in tangka hloh, tbk., kan hman/tuah hi kan lung nih nuamhnak a kawl ruangah si. Nuamhnak a kawl mi hna donghnak hi "chirnak" a si zungzal. Zeicahtiah, nuamhnak hi lawmhnak he an kalṭi lo ahcun a mithmai panh kho lo, ai nuam kho lo ti si. Tangka tampi dih in nuamhnak na kawl ko lai, sinain lungretheihnak maw siloah lungtuaitu pakhatkhat na ngeih a si ahcun nai lawm kho hlei lai lo. Hawi he night club ah kal in zu le sa nan ding, nan ei ko hnga, sinain ṭihphannak, siaremlonak, lungawṭawmnak na ngeih a si ahcun nai lawm kho hlei lai lo. Cu tikah midang ca ah nuamhnak a si mi kha na ca ah a kha kho, nuamhnak a rak si lo kho. Nuamhnak hmuh ding na ruahchih mi hmunhma le thil sining nih na lungduh an pek khawh lo tikah chirnak a chuak. Cucu mah pumpak ca lawmhnak hmuh duh ah nuamhnak khur chung luh ti mi cu si.

Nihin vawleipi nih a ṭihzah ngai mi le vawlei cung daihnak le nuhrin covo aupinak in 1989 ah Noble Peace Prize rak pek bal mi Buddhist tlangbawi ngan Dalai Lama nih a chim mi cu, "Pumpak zawnruahnak, mah karkalak hui duhnak lawng ngeih ahcun lunglawmhnak hmuh khawh a si lo. Nangmah nakin na innpa chakthlang zawn na ruah deuh le midang zaangfah zawnruahnak lungput ngeih khawh lawng ah hmuh mi a si," a ti. Phun dang in kan chim ahcun, hmuhlei si loin peklei tu ah hin lunglawmhnak a rak um deuh. Kan Cathiang chung ah, "Hmuhlei nakin peklei ah thluachuah a um deuh," a ti bantukin Buddhist biaknak zong nih "Lunglawmhnak kan ti mi hi nun hrawmhnak le pekchanhnak nih a tlukchiatter bal lo," an ti ve. An chim tawn, na sifah zong ah ai lawm mi, na harsat zong ah ai lawm mi, zawtfah zong ah ai lawm kho mi si na duh ahcun, midang va bawm hna, midang cung ah kut va samh. Thazaang in siseh, ngeihchiah in siseh, thiamnak in siseh, mi na bawmhchanh hna ahcun lunglawmhnak nih an zulh ko lai ti si.

Sihmanhsehlaw a hmun lo mi thilri ah lunglawmhnak na kawl le hmuh ve te lai ruahchannak na ngeih ahcun na kawl mi lunglawmhnak lila nih lungfahnak an phorh lai. Zeicahtiah thilri nih a chuahpi mi hi an hmun bal lo. Mawṭaw thar na cawk lai, inn le lo ṭha na cawk ko hnga. Vawlei cung khua nuam vialte na ṭol ko hnga. Hawi thar tampi zong na ser ko hnga. Tangka tampi zong na hmu ko hnga; sihmanhsehlaw cu hna nih cun lunglawmhnak an in pe zungzal lai lo. Cikkhat, caan khat ca an si i an ziam colh. Vawlei pumpi khat in tangka ngeih zong ah lunglawmhnak a caw kho hlei lo. Tangka cu caan tawite a kan mirhtertu menmen lawng a si. Dawr thluan ah i chawk in kan lungduh thil kan cawk khawh le zalh tikah lunghmui ngai in kan cawk caante lawng khi a si. Sau a rau lo, a dih colh. Mi tampi nih nupi ṭhit le va ngeih in chungkhar dirh tikah lunglawmhnak tling kan hmu lai an ti. Chungkhar an van ser i fa kan ngeih tikah an ti ṭhan. Fa an ngei i kan fale sin in hlawhtlinnak theipar le tu le fa kan hmuh tikah an ti ṭhiamṭhiam. Fale sin in hlawhtlinnak theipar le tu le fa an hmuh hnu zong ah an i ruahchan mi lawmhnak nih an lungdi a riamhter hlei hna lo. Cuticun an rak i ruahchan mi lunglawmhnak taktak kha hmu loin nunnak liam a tam liangluang cang. A ngaite ti ahcun, lunglawmhnak hi kanmah ah a um, midang nun ah a um mi a si lo. Where Does Authentic Happiness Come from and How To Get It ṭialtu Stephanie Kirby nih a chim mi cu, "Midang nih lawmhter na ruahchan a si ahcun ngaihchiatnak kuang ah na lunglawmhnak na paih bantuk khi a si," ti. Aruang, minung hawi sin ah lawmhnak a um rua tiah kan ruah caah si. Kan hawikom ṭha bik hna hmanh hi kan mitthli tlaktertu an si kho. Kan duh bik, kan dawt bik kan ti mi hna nupi/pasal hna zong nih a kan lawmhter kho zungzal lo. Kan hawikom ṭha bik hna zong nih cu ṭhiamṭhiam. Aho sin ah dah lunglawmhnak taktak cu a um kun ne?

British mifim Bertrand Russell (1872-1970) nih a chim mi cu, "lunglawmhnak hi nuamhnak zapei ah a um," a ti. Anih hi nihin tiang vawlei nih a philh khawh lo mi pakhat a si. Kum zabu 20th ah mikhuaruat bik pakhat ah chiah mi a si. Anih hi ka-naan (Mathematics) a duh lawng si loin a thiam hrim a thiam tuk. Mifim kan ti cu, a theihhngalh zong a tam i, "A History of Western Philosophy" ti mi cauk a chuah. Vawleipi nih rel bik mi cauk pakhat a si pin ah, 1950 ah caholh lei minṭhatnak, Nobel Prize for Literature an rak pek. Ralthawh le ṭihnung hriamnam nuclear serchuah doh le donghter ai zuam ngai mi pakhat a si i, hi ruangah voihnih tiang thongthlak bal mi zong a si. Sinain ai zuam ṭualmal i, 1958 ah Campaign for Nuclear Disarmament haotu (President) a phan kho. Hi dirhmun a phak hlan, a nonal lio ah lungdonghnak, nun beidonghnak le vansannak nih a nun a den caan tampi. Kei ka ca ah vawlei hi mitthli lawngte an si, lawmhnak ti mi hi a um kho lo ti'n mah le mah thah timh in caan tampi a nunnak lak a rak i tim. Cu tluk cun nun harsatnak nih a rak den mi pa nih a nun in hmuhton mi The Conquest of Happiness ti mi cauk a chuah i a ti mi cu:

"Nuamhnak in kan hman mi caan vialte hi a sawhsawh an si bal lo, thazaang kan i hrimhnak tu khi an si deuh. Cucaah na nuamh khawh chung in i nuam law, nuamhhnaihnak phun kip tampi in ngei; zeicahtiah cu nih cun lunglawmhnak an pek lai i ṭhancho an bawmh lai," a ti. Greek mifim minthang Epicurus zong nih, "Nuamhnak hi lawmhnak tlaitu tawh a si," a rak ti bal ve. Annih pahnih hi Hedonism kan ti mi hna cu an si.

Annih Hedonism (nun chung ah nuamhnak par tlanh thluahmah ding a ti mi) nih cun na nuamh lo ahcun nai lawm kho lai lo an ti. Taksa in nun lio ah nuamhnak kawl hi nun chan si ko, zeicahtiah kan taksa a thih cun a dih a ti mi an si. Hi cawnpiaknak a pom mi Khrihfa ai ti mi hna nih Phungchimtu 11: 8-10, *"Na nun chungte hi cu na nun rih mi kum poh ca ah khan i lawm ko, zeicahtiah zei can na nun hmanh ah na nun chung nakin na thih hnu cu a sau deuh ṭheo lai ti kha hngal ko. Hmailei thil zeihmanh i ngaih awk a um lo. Maw tlangval hna, nan tlanvalnak kha lawmhnak in hmang ko u, nan tlanval lio ahhin nan lung nih lawmhnak hmu ko seh. Nan duh mi kha tuah ko u, nan lung a duh mi kha hmu ko u. Sihmanhsehlaw nan tuahmi thil poh ah khan Pathian nih bia a kan ceih lai, ti kha hngal ko. Zeihmanh na lungre i theihter hlah u, zeihmanh fahnak i pekter hlah u. Saupi na no ti lai lo,"* Cathiang nih a kan ti an ti. Ruahchih kasn philh mi belte cu, nuamhnak kawl in kan lungduhnak zulh lengmang hi taksa nun ca ṭih a nun bantukin thlarau nun ca zong ṭihnung a si. Nuamhnak chung kan i paih tikah chungkhar khuasak tintuk a hnursuan, pumpak nun a hnursuan i zatlang nun zong a hnursuan. Cu hlei ah thlarau nun ṭhannak zong a dawnhkhanh. Kan Cathiang chung ah "lunglawmhnak taktak" hi Khrih chung lawnglawng ah a umnak kong fiang tein kan hmuh. Cathiang nih "nuamhnak" kawl a kan fial lo, lunglawmhnak kawl tu a kan fial. Cu lunglawmhnak a hmu mi cu thlarau thei a tlai mi an si.

Vawlei kan khuasaknak zong ah hin duhdim in a ding-ei kho mi, orka thaw mi le a nungcang kho mi cu an i nuam ko nain, an i lawm lem lo. Sifakte si ko zong ah ai lawm mi chungkhar ser khawh a si. Pawngkam dirhmun le sining nih lai a rel, a chit caan tampi kan ti lai cu. Tahchunhnak ah, sikcak lawng a rian mi nu le va sin khuasak, rithai caan ah siseh, fimhrin caan ah siseh, phunzai le awhraang a len zungzalnak inn le lo tang ṭhanglian fale ca ah lunglawmh hmuh a har tuk lai. Sinain dawtnak a lennak hmun, remdaihnak a lennak run-inn, thazaang peknak le forhfialnak he mi a kilhkamh mi sin le kan bia a kan ngaihpiak duhtu umnak hmun ah cun lunglawmhnak kan hmuh ko lai. Lunglawmhnak a umnak hmun ah nuamhnak zong a um. Na lung ai lawmh lo ahcun nai nuam kho lai lo; cucaah nuamhnak si loin lunglawmhnak tu hi kawl hi a biapi. Zeitintiah lunglawmh nun na ngeih ahcun zei bantuk caan le hmunhma, thil na tuah poh ah na nuam lai. Na lawmhnak nih nuamhnak an pek lai. Na lawmh khawh, na nuamh khawh ahcun mi he pehtlaihnak le hawikomhnak ah thazaang na si hrimhrim lai….

Zohchih:
- 15 Ways to find true happiness in life, by Airyl Marie Dadula.
- Where Does Authentic Happiness Come from And How to Get It, by Stephanie Kirby.
- Are you living life with true happiness by. Anjali Rajput.
- Why you will never find happiness in life, by Blaz Kos.
- Is the glass half empty or half full? By Gary Hayden.

5. Rumnak Phun Hnih

Nihin kan chan hi tangka tlangau chan a si an ti. Tangka tlangau ti mi cu tangka nih vawlei a uk ti khi a si. Uktu a sinak cu zei tlukin dah tangka nih rian a ṭuan khawh ti mi cung ah a lang. US rumra a ngeihnak zong hi ṭhawngṭha ralkap tampi a ngeih ruangah a si thlu lo, chawlehhrawlnak chak tlaitu, vawlei humhimnak le ṭhanchonak ah tangka tampi chuahpiaktu a si ruangah ti khawh si. Ram ṭhangcho kan ti mi zong US nih bawmhnak siseh, chawhrawlnak a phih hna ahcun an car ko, cucaah vawlei pumpi cu anmah kut ah a um. Phun dang in kan chim ahcun, an rumnak nih vawleipi a uk, a hip khawh. Kan chantiluan thlihran hoih in chan ai thlen caah minung thinlung zong a thlen. 1914-1918 lio a rak tho mi "The Great War le 1939-1945 ralpi II hrawng kha cu "Might is

Power"- Thazaang in mi uk chan, pen chan" a si an ti. Kan Baibal chung Biakam Hlun chung vialte tuanbia zong khi zoh ulaw "ṭhawnnak in mi uk chan" a si ti khawh a si. Chan a hung i let i atu chan thar ah cun ṭhawnnak kha mi uktu a si ti lo. Fimnak le rumnak tu hi mi teitu ah an cang cang, cucaah "tangka tlangau chan" ti a sinak zong a si.

Taksa pum in vawlei khuasaknak ah tangka loin nuncan khuasak khawh a si lo zia cu kan dihlak hngalh. An chim tawn, nunnak ca ah ti le thli thiang kan herh bantukin tangka hi kan nunnak thaw bantuk a si an ti. Minung nunnak ah a biapi tuk mi a si caah ṭuak par tiang, titvun kor tiang in kan kawlhawl i, thih ngamh in kan cawlnak zong hi a si. Hakkauhnak le duhfahnak a kan ngeihtertu zong tangka a si. Minung mit a cawtter i pumpak hlawknak a si poh ahcun ti'n mi thisen chuah in lainawn hmanh a kan ngamhtertu zong a si. Nunnak ngei lo catlap sawhsawh te a si ko nain, a ṭhawng bik mi thil a si fawn. Mi mit a cawttertu a si caah dinnak hmanh hi cawl kho lo in a tuah tawntu a si; cutluk cun tangka hi a ṭhawng. Ziknawh le eihmuar a tamnak, a hlei in Kawlram le India tibantuk ram ko hna ah hin tangka hi nawl a ngei khun. Mi kaa a cipter. Tangka nih zei poh a tuah khawh tikah tangka um ahcun ngamh zong a sang. Ning a ṭi ti lo. Sihmanhsehlaw tangka hmang in nun a ceen mi hna nun ai nuam maw tiah cun, ai nuam lo. Lungretheihnak, thinphan thlalaunak in an khat. Tangka nih zei poh a tuah khawh an ti nain, tangka nih a cawk khawh lo mi tampi, nifatin kan nunnak ah a herh mi an rak um. Cu bantuk thil, tangka in cawk khawh lo mi tampi lakah, nifatin kan nunnak ah kan herh bik mi ko rua, tiah ka ruah mi ka van langhter.

a. Lunglawmhnak

A cung ah "nuamhnak maw lawmhnak dah" tlangtar in tampi kan ṭial cang caah tam ka ṭial ti lai lo. Tangka hi kan zeizong a si lonak le herh bik mi a rak si lonak tu kha van com ka duh. Vawlei cung minthang pakhat a si mi Benjamin Franklin nih, "Tangka hnah ah hin hakkauhnak dah lo, lunglawmhnak a um lo. A kokek sining hrim ah lunglawmhnak a pawichih mi a si lo caah mi a lawmhter kho bal lai lo," a rak ti bal. Kan khuasak nunnak ca ah tangka nih lam tampi in a kan tunmer le sersiam caan a um ko, nain lunglawmhnak taktak a kan cawkpiak kho lo. Tangka hmang in lunglawmhnak caan hman kan duh tikah nuamhnak ai tel. Nuamhnak nih cun caan tawite cu a kan lawmhter khawh ko hnga, sinain diriam in lunglawmhnak a kan pe kho lo. Vawlei cung mirum tampi tuanbia rel tikah, a rum chin i lunglawmhnak a ngei chin ti mi kutdong khiah zat hmanh an um lai ka zum lo. Lungretheihnak, thinphan thlalaunak in an khat deuh lai. An chawlehthalpi hawi ṭha hna zong nih diriam in lunglawmhnak an pe kho hna lai lo, an chungkhar nun zong nih an pe hlei lai lo. An tuah mi thil zong nih a pe hlei fawn hna lai lo. Zeicahtiah tangka nih lunglawmhnak a caw lo, lunglawmhnak tu nih tangka a cawk siloah tangka a umnak poh ah lunglawmhnak a um lo, lunglawmhnak a umnak tu ah tangka hi man a ngei.

Baibal nih mirum le milian tampi an ngeihchiah nih lunglawmhnak a pek hna lonak a kan chimh. BC 486-465 tiang vawlei cung ram 127 a uktu Persia Siangpahrang Ahasuerus (Xerxes) kha zoh hmanh! Hman cawk lo tangka a ngei ko. Hman cawk lo sal le sinum a ngei ko hna; sihmanhsehlaw a ngeihchiah nih lungdaih hnangamnak a pe lo. A lungrethei, a awklokchong i sivaang in a um. Zan hmanh ah mitku thaw khom in ai hngilh kho lo kha (Esther cauk rel). Amah lawng si lo, ka ṭhawngṭhal ko, zei pohte ka tuah khawh, sal tampi ka ngei. Tangka in ka rum ai ti mi Pharaoh tuanbia zong ruat ṭhan hmanh. Ai nuam maw? Nuam menmam hlah! A rumnak nih phorhlawt rumkainak a ngeihter i, sertu Pathian a serhsat ruangah vawlei tuanbia ah a um bal lo mi saram ah ai cang mi Siangpahrang a si ko (1 Siangpahrang rel). An rumnak le ngeihchiah le an dirhmun sannak nih lunglawmhnak a pe kho hlei hna lo. An ngeihchiah vialte cu zeihmanh lo bantuk khi a si. Nang le kei zong hi caan tampi cu kan sifah ruangah, kan retheih ruangah mi zohhngar in lungfahnak le lungrawhnak kan ngeih caan a um kho men. Ka nun a har, ka orkaa diriam in ka pahawi, ka nuhawi din-ei hmanh ka ding-ei kho lo ti'n kan nu le pa cung ah maw, kanmah lila cung ah maw siloah Pathian cung ah lungsilonak zong kan ngeih caan a um kho men. Cu bantuk ca ah hitihin bia i hal usih law: Tangka nih hin lunglawmhnak a chuahpi maw? Ka zohhngar mi hna nun khi ai nuam taktak hnga maw? An chungkhar ah lawmhnak taktak a um hnga maw? Cu hlan ka nunnak ah tangka ka ngeih lo ruangah ka chambau mi thil tampi a um ko lai nain, ka thi hlei lo. Ka nun tuanbia zoh ah tangka tampi a ngei ṭung i lawmhnak a ngei lo mi hna nakin ka nun ah lunglawmhnak a um deuh maw? Anmah ngeih mi tangka vialte hi ka ngeih mi hei siseh law teh, lungdiriam in kai lawm kho hnga maw? Ka chungkhar ah lunglawmhnak a lenpi taktak hnga maw? Lunglawmhnak a kan pek khawh ṭung lo ahcun, kan dirhmun cung ah Pathian sin lunglawmh chim in Amah khuakhannak ah lungsi hnangam nun ngeih thiam ka rian a si ko lo maw ti'n…?

b. Dawtnak

Capo biatak in an chim tawn, mirum nun nuam le tangka cengpa hi nupi thim ai palh mi an tam khun tiah. Zeicahtiah, tangka tampi a tawnghtham lio ah zimuaitu ngaknu tampi a ngei hna i, aho hi thla, mizei hi dah pasal ca ah a ka duh tak mi, mizei hi dah ka tangka duh in a ka kom mi ti an thleidan thiam lo tikah, nupi ca thim an i palh tawn an ti. Cheukhat cu anmah le anmah kha biahalnak tampi an ngei tawn ti si. Tahchunhnak ah, hi nu hi ṭhi ning law ka ngeihchiah a dih tikah a ka daw taktak lai maw? Atu a ka komh ning hi teh thinlung in a luang mi dawtnak, nunnak le thinlung nih cawm mi dawtnak taktak a si maw? Keimah ah dawtnak hram sih loin ka chawva ruangah a deu le kaa-pahle lawng in a ka daw mi a si sual hnga maw…tbk biahalnak tampi an ngei ti si. Tangka mit in a ra mi dawtnak cu a theipar ṭha lo. Tangka thazaang in hram kan thawk lo hmanh ah dahkaw, ai duh le daw cukmak ko mi nuva tampi zong chungkhar tangka lut tawlrel thiam lo le lungtlin lo ruangah kaphnih kar dawtnak hri a cah i, tampi nuva ṭang ṭhen kan umnak zong hi a si phah. Dawtnak le tangka hi hawikom ṭha an si kho bal lo. Zeicahtiah, tangka nih uk a timh, cawk a timh tikah dawtnak he an um kho lo. Na tangka a um chung cu dawtu na ngei men ko lai, hawikom na ngei men ko lai, tlaihchantu na ngei men ko lai, sinain na ngeihchiah a dih tikah an in zaamtak dih lai. Kan Baibal chung fapa tlaupa tuanbia kha ruat hmanh: a pa pek mi rothil le chawhlawn a hman khawh lio, duh chung in a ceen khawh lio ah cun dawtu tampi a ngei, hawikom tampi a ngei; sihmanhsehlaw a ngeihchiah a dih tikah an zaamtak dih i, vok-rawl ei dirhmun tiang a phan. A ngeihchiah in a cawk mi hawikom, a ngeihchiah in a cawk mi dawtnak vialte cu a ngeih mi a dih tikah an lo dih ve.

Salvation Army dirhtu William Booth le a thaisung Catherine Mumford nun hi cawn tlak tuk tiah ka ruah. Annih pahnih cu an i ṭhitum hlan ah biakamnak pali an ngei ti si: 1) tangka bawm pakhat lawng kan hmang lai; 2) kan fale hnatheih le um lio ah awka hrang in kan i chawn kan i si lai lo; 3) kan karlak ah thuhnawh mi um hlah she; 4) kan karlak ah biathli um hlah seh, an ti i cucu an zulh peng ti si. An pahnih kar dawtnak tangka nih a hnin kho lo. Dawtnak tu nih an ngeihchiah a uk tikah theihthiamnak a um, remnak a leng, dawtnak a sang chin. Dawtnak hi theihthiamnak he an kalṭi lo ahcun dawtnak tling a si kho lo. Chungkhar khuasaknak zong ah dawtnak lawng in inntung dirh ahcun chantlung a nguh kho lo, a kekkuai colh. Sinain theihthiamnak nih a kilhkamh ahcun ngaihthiamnak a um i, ngaihthiamnak a lennak hmun ah dawtnak a sang chin. Cu bantuk dawtnak cu tangka in cawk khawh lo mi dawtnak a si. Ngeihchiah in a nung kho mi si zong ah dawtnak a ngei lo mi minung le chungkhar sin ah lawmhnak a um kho lo. Cucaah pei kan holh hmanh ah, "dawtnak a umnak hmun ahcun anthur tihaang he zanriah dum hmanh ah kaa thaw," an ti cu! Cucaah tangka khonnak ah hman cawklo tangka a ngei ko nain dawtnak a ngei lo mi nakin, eibar chom in a nung ko nain chungkhar ah dawt kuang a khat mi an rum deuh.

c. **Ngandamnak**

Vawlei cung ah zei dah a nuam bik, tiah hal hna usih law, ngandam kan ti viar lai. Dam lo ngorfem in um ahcun thih lawng kan i ba ti mi ruahnak kan ngei colh i, kan khuaruah a pit colh. Vawlei cung ngandamnak tawlreltu World Health Organization nih kum fatin a hman mi tangka hi dollar in million lengmang a si. Atu

COVID-19 zawtnak a hung chuak ciammam i zawtnak hrik thahnak ah billion dih in an i zuam nain tutiang (atu ka ṭial lio tiang) an serchuak kho rih lo. Tangka thazaang hmang in zawtnak tampi an damh ko, nain damnak taktak an caw kho lo. Tangka le lunun damnak hi thlen khawh mi a si lo. Thinghnah vialte hi na ngeih mi tangka hei si hmanh sehlaw lunun ngandamnak a kan cawkpiak kho lai lo. Na suingun chawva hmang in nai thlopbulnak sii-ai cu na cawk khawh ko hnga, nain damnak taktak cu na caw kho lai lo. Cucaah humhimnak hi a pakhatnak ah chiah ding ti lengmang a sinak zong si. Dalai Lama nih a chim tawn mi cu, "Rum duh ah nunnak ca ṭihnung thil tuah nakcun sifah a ṭha deuh," ti. Chim duh mi cu, tangka mitthit in kan tuah mi ruangah hliamkhuainak, khawndennak kan ton tikah kan i thlopbulnak dihheu hmanh a rulh tawn lo. Ṭhahnem kan kawl kan ti mi cu paam chinnak ah a cang. Damnak cu mirum zong nih an herh bik mi, sifak zong nih kan herh bik mi a si. Ngandam ahcun hna a ngam, a nuam fawn. Rum tuk ko nain zawtnak ngeih cu nun santlai lo le rum santlai khing, zeicahtiah a rumnak kha ai lawmhpi kho lo, ai nuamhpi kho fawn lo.

d. Hawikom Ṭha

Kan holh ah, "Hawikom ṭha le liangdan ṭha; hawikom ṭha cu sui le ngun," ti kan ngei. India phungtluk zong ah, "Hawikom ṭha ti mi cu, liangcung ah thilrit ai khinh ngam mi kha an si," an ti. Hawikom ṭha an sunlawinak kha chim duh mi a si. Zumh tlak hawikom ṭha an sunlawi ning hi chiatni le ṭhatni tibantuk ko ahhin a lang khun. Laimi kan pipu hna kawi le maw tlaih an rak ngeih mi phung hna hi a sawhsawh a rak si lo, hawikom ṭha an sunglawinak le man ngeihnak tu a rak ngeihter. Mi tampi cu "kawi le maw" sullam hi kan i fiang rua lo. Laimi nih kan i ṭhitum tikah "kawi le maw" tlaih a si ti phun in nihin ṭhang thar mino nih a ruat mi le mitpheng dirpitu menmen ah a ruat mi kan tam tuk cang. Kan kotho sining in "kawi le maw" hi sullam dawh a ngei mi le ruang ngei tein tlaih mi an si. A tawinak in chim ahcun, hawikom ṭha sinak nih a chuahpi mi retheih i hrawmpinak, lunglawmh i hrawmpinak le tuar khat sinak khi a si. Man (kawi-chaw le maw-man) kan i phalh ruangah nihlawh phalh in dirter sawhsawh mi an si lo. Hawikom ca ah cawk mi zong an si lo, an nun man upatnak tu khi a rak si deuh. Zeicahtiah kawi le maw cu chiatni le ṭhatni ah kuthnawmtu, retheitu le zaangba mi an si. Chungkhar milu pakhat bantuk, chuakkhat unau ah an cang. Cutluk cun kawi le maw hi an sunglawi. Sinain nihin ah cun kawi le maw zong hi mitpheng ah dirter mi an tam caah sullam a ngei tuk ti lo.

Kawi le maw cu hawikom ṭha ah ruah mi an si bantukin thilrit kan ṭhumhnak hmun an si. Kan thinhunnak, kan ngaihchiatnak, lungfahnak le lunglawmhnak tiang thuhnawh um loin kan chimhruah mi hna an si. Chungkhar ah kan chimphuan ngam lo mi biaduup hmanh kan chimhruah mi hna, thaw kan i chuahnak an si. Cucaah hawikom ṭha cu zei nih tluk hlah kan tinak zong a si. Cubantuk hawikom, ziar a ngei lo mi, zumh a tlak mi hawikom, kan ca ah retheih ai khinh ngam mi hawikom ṭha cu cawk khawh mi an si lo. Kan tangka duh ruangah, kan ciangzar teh duh ruangah a kan kom mi hawi cu hawikom an si lo, kan thisen dawp ding ah a kan helhhum mi an si. Kan par tlanh awk a um lio, an ca ah hman awk kan ṭhat lio le kan ngeih mi an duh lio tiang lawng khi a si. Kan rilh hnu ah cun an lo dih. Harnak kan ton taktak hnu, bawmchantu baan herh in kan au lio ah a kan chaantu lawnglawng kha hawikom ṭha kan ti mi cu an si. Cubantuk hawikom ṭha cu tangka nih a ser mi hna si loin, nun nih a ser mi hawikom an si; cucaah kan nun in ser mi hawikom ṭha ngeih hi nihin mino nih kan herh.

A cung ka langhter mi hna hi tangka in cawk khawh lo mi an si. Mirum le milian lawng nih ngeih mi an si lem lo. Puurphiar hau in a nung mi sifakte zong nih a ngeih khawh mi an si. Mirum le milian si ṭung, duhchung in tangka hman khawh le nun cen khawh hi nuamhnak tling hmuhnak a rak si lem lo. Khi bantuk minung hna khi chunglei nun ah nun rethei taktak mi an si lehlam tawn. An chunglei nun a ṭap peng mi an si. An taksa pum a pawkhim lio le a orkaa diriamh caan ah chunglei nun ṭaamhal in a um mi an si. Chung nun sivaang in an um caah an taksapum an hrem, duh in an ceenpi khi a si deuh. Nuamhnak an ti mi le lawmhnak an ti mi thil nih lung diriamhnak le lungsi hnangamnak taktak a pe kho hna lo. Nun awkfak in an um, mitku thaw khom in an i hngilh kho lo. An chunglei a dam lo caah an taksa tiang nih a tuar. Sinain tangka ceen awk a ngei ve lo mi, ei-bar cop in a nung ko nain chunglei nun ah lawmhnak in a khat mi, thlarau nun ah zungzal nunnak a tingco mi hi mirum tlamtling taktak an rak si. Taksa khuasaknak ah an harsa, an rethei ko nain, chunglei nun a dam mi an si caah an nun ah lawmhnak a khat. Chungkhar ah rualremnak le dawtnak a leng i an i nuam. Zu ding chungkhar khi zoh hmanh, chunglei nun a dam mi an si ve lo caah an chungkhar cu buainak, sikcaaknak le mitthli he a khat zungzal ko lai. Pathian dawtnak a thei mi chungkhar na zoh ahcun, rualremnak le dawtnak na hmuh ko lai; zeicahtiah an chunglei nun pei a dam cu. Cucaah ngeihchiah in a rum mi si nakin chunglei nun ah a rum mi si hi duhnung deuh. Na ngeihchiah cu mizei ca poh ah a si kho lo, sinain nun ziaza in na rum ahcun mizei ca poh ah thei a tlai mi na si kho. Dawtnak na ngeih mi in siseh, zaangfahnak le kutke na samhnak in siseh, nun na hrawmh mi hna zong khi nun in a rum mi na si a langhnak a si. Cucu tangka nakin hmual a ngeih deuhnak a langhnak zong a si. Tangka in inn cu na cawk khawh men hnga, sinain innchungkhar cu na caw kho lai lo. Ihphah ṭhaṭha le ihkhun ṭhaṭha cu na cawk khawh ko hnga, sinain mitku thaw le cim tein hngilh khawhnak cu na caw kho lai lo. Na baan-rek ah sui suimilam zong na khih men ko hnga, sinain caan na caw kho lai lo. Buh thaw le sa thaw zong na cawk in na ei khawh men ko hnga, sinain kaa thawtnak cu na caw kho lai lo. Mi thisen zong tangka in na cawk khawh ko hnga, sinain nunnak na caw kho lai lo. Fimchimtu cauk tampi na cawk khawh men ko hnga, sinain hngalhtheihnak cu na caw kho lai lo. Damlo zawtfah tikah i thlopbulnak sii-ai cu na cawk khawh ko hnga, sinain damnak cu na caw kho lai lo. Hi vialte hi ngeihchiah in rumnak nih zei poh a tuah khawh lo zia a langhnak a si; sihmanhsehlaw nun in a rum mi hna cu midang ca ah cite le ceunak bantuk an si. An nun a thlumal i a ceu caah upat an hlawh, hmaizah an hmu, thlua an chuak.

DAL HNIHNAK

Hmual Ngei Nun

1. Lei Ṭhawnnak Hmual

Minung pum chung ah a hme bik a si nain ṭihnung bik mi cu "lei" a si. Ruh a ngei lo sihmanhsehlaw lainawng kho ding tiangin a ṭhawng i, mi thin le lung a kehkuaiter khotu a si. Nunnak le thihnak hi lei cung ah ai fu kan ti lai cu! Lei ṭih a nun khunnak cu, thinlung le ruahnak sal a si caah a si. Thinlung le ruahnak nih an fial mi poh a tuah; cucaah huat mi, rem lo mi cung ah bia chiakha a chimter i, dawt mi sin ah bia thlum-al a pek. Cucaah Lei kong chim tikah "bia" he ṭhen awk ṭha loh. Lei ṭhawnak hmual kan ti mi zong hi a lei (tongue) sawhsawh ah a um lo, chim mi bia cung ah a um. Holhnak ah "Bia khua to" ti kan ngeih mi zong khi, hmurka in biachim holhrel a biapitnak chim duh mi a si. Thil pakhatkhat kong, saduhthah kong kan chim tikah, "na bia khua to hram seh" kan ti; a sullam cu na bia bantukin tling hram seh, cang hram seh, ti khi si. Kan kaa awng ai pat ti'n duh poh chim ding a si lem lo, hmun le hma zohchih thiam zong a biapi. Zetintiah, bia hi bia-tung a um i bia-phei a um; bia-thlum a um i bia-kha a um, bia-eeng/bianek a um i bianuamsai a um. Zeizong vialte nih caan le hmun an ngeih caah biachim holhrel tikah fim khunnguh ngai a hau-zeicahtiah a hmaka zawn lopi biachim cu mah le mah mualphoh a si.

Ka ngakchiat lio ah ka rak huat bik mi cu, tiva kal pah, khaan-hawt kal pah i nga-lu le sa-lu cah hmang mi an si. Ram chuahvah lai i "nga-lu, sa-lu" ka phorh te an ka ti ahcun i let (umkal ṭhulh) mei ka rak duh; zeicahtiah hlan lio rak i sonhtarh mi cu, an bia khaat si ahcun lawng kirnak (zeihmanh tlaih lo) a si an ti. Hihi sonhtarh sawhsawh, suarsan sawhsawh bia a si lo. Minung hi mibiakha (vanchiatnak phortu) kan um hrimhrim an ti. Cu bantuk mibiakha nih tiva kal lai ah nga-lu ka phorh te, tiah an cah ahcun na tlai bak lai lo. Laiphung ah "Sanglai innka hram dir" ti mi bia zong khi "biachim holhrel he pehtlaihnak a ngei mi a si. Innchung tappi lungthu kam ah siseh, pindan ah siseh, kan chim mi bia chiakha le bia thlum-al vialte hi Sanglai nih a ngaih/theih, cucaah kanmah kung ah tlung lai an ti. Mi soiselnak bia kan chim mi siseh, holh phunchia kan chim mi siseh, Sanglai hnakhaw ah ai tlum lo caah mah kung-cung tlunnak siloah nu le pa nih fale cung ah holh phunchia an chim mi kha fale kung ah a tlung tak an rak ti. Hi zumhnak hi zumlotu ruahnak tiah zeirello ding a si lo, holh phunchia-volhpamhnak, chiatserhnak, soiselnak tibantuk kan chim tikah kanmah cung lila ah a tlung tawn. Bia chiakha, holh phunchia cu a vakvai lengmang i umnak ai hmuh lo caah kan sin ah a kir ṭhan an ti tawn.

Atu kan chan ah cun nuhrin covo a ṭhawng tuk i Social Media ah siseh, zatlang nun ah siseh, biaknak le vawlei lei mibu rianṭuannak ah siseh, kan holhka zalong ngai cio hna. Duh chimnak nawl kan ngei kan ti i, kan ral zong ṭha deuh. Sinain duh chimnak nawl kan ngeih mi chung ah zei tiang dah kan ngeih ti kan ruat tawn lo. Ngaih nuam a si maw, theih ṭha a si maw, a ngaitu le theitu nih zei bantuk lungput he an don (feeling) lai ti kan ruat lo. Kan duh poh kan chim. Facebook cahmai ko ah kan lor khun. Cheukhat caṭial bang cu rel ngam lo thlingza mi biaholh a tam tuk. Social Punishment kan ti i kan zoaza kan i langh. Volhpamh kan fawih ning. Chiatserh zong kan ṭih lo. Khi bantuk bia chiakha le holh phunchia khi phung nih onh mi an si lem lo. US phung zong nih a onh lo, Australian Human Rights Commission phung zong nih volhpamh, dawhcah lo le ningcang lo in mi ti hi a onh mi a si lo; miphun dang ram phung zong nih a onh hlei lai ka zum lo. Zeica'h, minu/pa limhaang upat lo, a nun man zeirel lo a si. Cucaah, zeibantuk Social Media hmanh nih siseh, zatlang nun ah siseh, a bu rianṭuannak ah siseh, pumpak sin in siseh, miphun thleidannak (race discrimination), tlerhkhawnnak (life threatening), volhpamh, ningcang loin mi ti, bia chiakha in mi ti (abusive language) kham a sinak le Nuhrin covo phung nih a nenhnak hi nun himnak (security) kha biapi a chiah caah si.

Baibal ah Sui Phung (Golden Rule) ti mi a um, cucu "Mi nih ka cung ah tuah hna seh ti na duh bantuk khan midang cung zong ah va tuah ve u," (Mat.7:12) ti mi kha si. Midang sin in hmuh kan duh mi, theih kan duh mi le ngaih kan duh mi bia thlum-al, faknak le thangthatnak bia hna khi mikip nih an duh ve mi a si. Sui Phung nih ai tinh mi zong hi, hmuh le theih kan duh lo mi, kan ca ah a thalo tiah kan ruah mi kha midang cung ah tuah lo khi a si. Soiselnak, thangchiatnak le thlanglamhnak, volhpamhnak, ningcang loin mi va ti tibantuk khi hrial a kan fial. Baibal zong nih tuahsernak in siseh, chimrelnak in siseh, biaceih kan si te lainak ralrin a kan pek. Nan kaa in a chuak mi bia, ruah setsai loin nan chim mi bia vialte kha, zeicahdah khati khan ka rak chim, tiah Biaceih Ni ah cun nan ti a hau te lai, tiah Matt. 12:36 ah kan hmuh. Tihnung tuk mi a si caah hman thiam tikah zeidah cang ti le hman palh tikah zeidah cang ti zong, Baibal nih fakpi in ralrinnak a kan chimh. A kan ti mi cu: Lei ah hin thluachuah le chiatserhnak a um (Phugt. 13:2; 18:20-21; 18:4). Lei cu lam ding le sual lam chimtu, hmuhsaktu bantuk a si. Thihnak le nunnak thawnnak a ngei, cucaah lam ding zulh awk, thil tha tuah awk ah mi chimhhrin tikah sual temtawnnak le muihnak chungin na chuah i khamhnak lam ah a hruai khotu zong lei a si (Jeim 3:3-4; Phut 18:21). Rawhnak le thihnak tiang phakpi khotu zong a si (Jeim 3:5-8). Takpum chung ah thil hme bik a si nain, rawhnak nganpi a chuahpi khawh. Zeicahtiah, thinlung in a rak luang mi, a chuak mi kha lei nih a phuan (Mat 12:34-35). Mei he a tahchunh fawn. Mei-ci hmete nih kanghuhnak nganpi a chuahpi khawh bantukin, bia chiakha cu tuur siivai bantukin pum chung ah a lawn i rawhnak ngan chuahpitu a sinak le, nam nih mi a chunh bantukin mi chuntu a sinak zong kan hmuh i, bia thlum-al nih thinlung hma a damternak zong kan hmuh fawn (Phugt. 12:18; 16:27). Cun zei bantuk ah dah hman awk a si le hrial awk phun zong a kan chimh:

Hrial Awk:
- Pathian sualphawt siloah mawhphurh (Jeim 1:13-14)
- Ruamkai phorhlawtnak bia (Jeim 1:26; 3:5; Titus 1:16)
- Duhdanh ngeihnak, thleidan ngeihnak bia (Jeim 2:1-4).
- Mi cung ah zaangfahnak um lo biachim (James 2:15-16).
- Soiselnak bia (Jeim 4:12; 5:9; Rom. 14:12-13)
- Pathian chiatserh in biachim holhrel (Jeim 5:12)

Fialmi:
- Pathian thangṭhatnak (Jeim 3:9; Salm 148; 149; 150)
- Thlacamnak ca ah (Jeim 1-5)
- Pathian bia chimnak ca ah (Lamkaltu 1:8; Salm 107:2)

Khrihfa le zumlotu kan i dannak a langhnak pakhat cu biafang kan hman mi ah a si tawn. Kan dihlak, zumtu he zumlotu he biaceih ni ah kan lei hmangin biaceih kan si lai kan ti cang; zeicahtiah kan lei nih hin taksa pum in kan nun lio ah siseh, thlarau pum in kan um te tikah siseh, kan ton ding mi biakhiahnak a ngei. Phun dang in kan chim ahcun, vawlei nun lio le thih hnu thlarau nunnak tiang kan lei ah ai fu. Matt. 12:35, "Miṭha nih cun thil ṭha aa khon mi chung khan thil ṭha a chuah hna i, miṭhalo nih cun thil ṭhalo aa khon mi chung khan thil ṭhalo a chuah hna." Kan khon mi thil ṭhalo cu kaa in a chuah tikah bia ngaih nuam lo bia chiakha lawngte in a khat. Cucaah cu bantuk mi hna ca ah cun Mathai nih ralrin a kan pek, "Nan kaa in a chuak mi bia, ruah setsai loin nan chim mi bia vialte kha, zeicahdah khati khan ka rak chim, tiah Biaceih Ni ah cun nan ti a hau te lai. Zeicahtiah nanmah bia lila in nan luatnak a si lai i, nanmah bia lila in sualphawt nan si lai," a ti (12:36-37). Cu a si caah bia hman thiam a herh hringhrang.

Lei Hman palh tikah:

➢ Siknak a chuak: Pupa holh ah, Vokpi vak, thal he lawi; nupi vak, bia he ṭin ti mi hi lei hmual ngeihnak phun khat a si. Hmursau ruangah chungkhar ah siseh, dawt mi hawikom he zong siknak a chuak kho. Mi kong ceihnak le thangchiat soiselnak ah hmursaunak nih a chuahpi mi theipar langhnak a si.

➢ Biahritirh le inn-lamfanh: Kan nunphung ah hmursau ruangah innpa chakthlang he, hawikom he, khuachung mi he bia i chalhnak, biahritirhnak le innlamfanh kan ngeih mi zong hi hmursau ruangah a si tawn.

➢ Tlangchuahnak: 2015 ah khan Australian lemcang (actress) minthang Rebel Wilson cu Bauer Media nih "lihchim hmang" ti'n Magazine ah an thangchiat. Tlawmpal ah Social Media ah tikuang khah in a khat i, holh phun chia vialte tlinh in an ṭhuat. Minung a si ve bang, a nun nih a celh ti lo i Australian biaceih zungpi ah a khin hna. Kan biahram bang, Australian Human Rights Commission phung nih volhpamh, dawhcah lo le ningcang lo in mi ti hi a onh mi a si lo tikah, a tei hna. Biaceihtu biakhiahnak in $ 4.5 million an liamh.

A cung ka langhter mi pin ah tampi hmursau ruang, holh phunchiat ruangah kan ton mi an um rih. Chim duh mi cu, zeitluk in dah biachim holhrel a biapit i, hmual a ngeih ti le fimkhur loin biachim tikah zeidah a cang kho ti kha si. Lei hi ruh a ngei lo, sinain mi thinlung a kehkuaiter pin ah, nunnak tiang a lak khawh. Phun dang in kan chim ahcun, bia thlum-al cu ngaitu ca ah khuasik caan babucawng bantuk a si i, holh ṭhalo le bia chiakha cu fahnak petu sobul bantuk a si. Mei bantuk a si i, mi nun a khaang dih khotu a si. Chiatserhnak le thluachuah zong lei cung ah ai fu. Takpum chung ah a hme bik a si nain, uk har bik mi a si. Lei nih cun thinlung le thluak nih a fial mi poh kha a tuah. Cucaah thinlung in huat mi cung ah biaṭha a chim kho lo, thinlung in neek mi cung ah zawmhtaihnak bia a chim tawn. Thinlung a um lonak, ai biatak lo zong ah velhle a chim i mi hlengtu a si. Velhle chim thiam a si tikah, mi tampi an uainak, nunnak tiang liamtertu a si caah, milainawng zong a si. Thluachuahnak le chiatserhnak zong lei cung ah ai fut tikah hman thiam a biapi tuk. Nu le pa nih fale cung ah bia chiakha chim zong ṭihnung. Fale nih u le nau cung, nu le pa cung ah bia chiakha chim zong ṭihnung. Ṭihnung a si lawng hmanh si lo, lungfahnak le ngaihchiatnak a chuahpi. Biachim holhrel ṭhatlo le bia fah ruangah mi lung kan fahter hna, ngaih kan chiatter hna ahcun tlaihchannak a ziam kho, dawtnak a cat kho, hawikomhnak a dong kho. Sinain lei hman thiam ahcun, dawtnak a fek chin, tlaihchannak a thuk chin, hawikom tampi a ser i, rualremnak a hrin. Mibiaka tam le hmurka panh sin um a nuam kan ti lengmang mi hna khi lei ṭhawnnak hmual a rak si. Hmurka panh cu biachim holhrel an thiam, hawikomh zong an thiam. Cu tikah hawi tampi an ser khawh. Mizei sin hmanh ah an i kom kho, bia an i ruah kho i rualza an pum. Mileng sakai hmai ah siseh, khuakhan lairelnak ah siseh, tonpumhnak ah siseh, mi hmai chuahlangh tikah biachim holhrel an thiam i upat hmaizah an co.

Minung hi mifim le mihrut, mihngal le chambau kan i tahnak hi umtu hoiher, mit-au le hnatun, chim le rel in a si. Cucaah mifim nih an chim tawn mi cu, an umtu hoiher, mit-au khuahrah, an kam phawh in zei bantuk minung an si hngalh khawh a si an ti. Cun minung ah hin mi koktlong phun kan um ve hoi. Cheukhat cu biachim tikah hlang ko le tleng lak in chim put hmang zong kan um; cheukhat hoi cu phihlik khengtlang vel in chim hmang zong kan um. Kan chim tikah ngaitu hnakhaw ah zeidah a nuam deuh hnga, ti ruah a hau.

Tahchunhnak ah - Phone chawnhnak van zoh sih:

> Hello…*tangka kuat ka duh, kuat ngah ti maw? A kuat man zeizat a si lai? tiah voikhat chim ah kan chim dih.*

> Hello…*Anih ka si. Chawnh awk na ṭha maw? Na sin in Kawlram ah tangka kuat khawh si an ti i, tulio hi kuat khawh a si maw aw? Tangka thlen ṭumkai (rate) hna zei a lawh?*

Hi pahnih phone chawnhnak hi zoh law, a tang deuh nih na thinlung a lak deuh ve ko lai. Zeicahtiah a thlum-al deuh, tang ai dor deuh. A cung khi cu a koktlong, a puamhngal, a ninghngal. Cucaah biachim tikah bia ngaitu thinlung ruahchih peng ding a biapi. Atu phone chawnhnak ruat bu in, a cung deuh pa biachim ngaitu/theitu le a tang phone chawnhnak theitu/ngaitu minung i khat sehlaw, a thinlung in upat hmaizah a pek ding mi cu a tang deuh pa khi si ko lai. Awnem chim thiam lo mi, bobo calcal in biachim hmang mi, awhrang pawl cu ahohmanh nih kan ngamh hna lo cu mu! An pawng um caan i an aw hran/san ahcun kanmah le kanmah i phuhrunnak a chuak. Phuhrunnak a um tikah, nuam kan ti ti lo. Cucaah khualtlung mileng ngeih lio le zatlang mibu lakah aw-hrang in fale chawnh lo, nupile chawnh lo ding. Mileng sakai um lio ah na chungkhar awka hrang in na chawnh hna a si ahcun na mileng nih an in leng ngam ti lai lo. Mi nih komh duh lo mi si cu thil poi a si cang. Cu si caah biachim holhrel tikah bia thlumal chim thiam, bianem chim thiam a herh.

2. Huatnak Ṭihnun Ning

Huat ti mi cu- lungchung in huat mi, thluak in huat mi, taksa in huat mi, orka in huat tbk, minung, thilnung, thilri le ei mi cung ah kan *khaansa* mi khi si kan ti hnga. Thinlung in minung cung ah hramthlak mi huatnak langhter ka duh. Cu huatnak cu ṭhatnak a ngei ve lo mi, hmaimilhpiak len zong ah dawhnak iang a ngei lo mi a si. Chunglei in kan siningpi a kan khaltu (mawngtu) a si caah, kan taksa le thlarau tiang khi a muihter khawh. Chunglei in mi a ṭam, nun a ei i, lenglei ah rawhralnak tiang a chuahpi. Siivai ti mi hi din mi le ei mi phun lawng a rak si lem lo, minung nih chunglei in hngalhnak (feeling) kan ngeih mi zong hi a rak si ve. Huatnak zong hi siivai phun khat a si. Sempi unau, khukṭhi rualhawi le ṭuanpi hawi he pehtlaihnak ah siseh, hawikomhnak tiang a hrawk khotu a si. Na nunnak ah huat mi na ngei maw? Na nun nih a ei khawh lo mi minung, na nun nih nen mi minung na ngei maw? An cung ah nennak lungput, huatnak thinlung na ngeih mi kha langhter loin maw na chunglei ah na thutter siloah na tuar hramhram dah? Siloah anmah cung ah dah tuahsernak in maw, bia hmurka in dah na langhter?

The Diamond Approach nih huatnak lungput kan ngeihnak a ruang a langhter ning ah cun: huatnak lungput kan ngeihnak hi, ngakchiat lio te'n kan nun he ai sengtlai chih mi dawtkuang khat lakin dawtnak a zatawk kan rak tinco lo ruangah a si ti. Cun thisa tlai unau sin in maw siloah hawikom sin in huat mi, thleidan mi le thlanglamh mi kan rak si cang ruang zong ah a si kho a ti. Hihi thil si kho a si. Chuahpi mi a si lo, taksa a than rualrual in hmuhton mi ruangah a chuak mi nunzia khi a si. Nahchuahnak zong in ai sem kho mi a si fawn. Tahchunhnak ah, Khrihfabu cawlcanghnak ah maw siloah sianginn kainak ah, kanmah nakin a thiam le hngal, a si kho deuh mi le hmaizah a tong deuh mi, chim thiam a tong deuh mi an um tikah kan huat colh hna. Kanmah nakin ai dawh deuh mi, thil ti kho deuh mi cung zong ah huatnak lungput kan ngei. Kan duh mi ngaknu/tlangval a kom/uar mi cung zong ah huatnak a um kho. Cu bantuk thiamthiam in muihmai dang an ken ruang, vuncuar i dan ruang, hruk-aih le thilthuam dan ruang, ngeihchiah in thawnthal ruang le kutdok dirhmun tiang in sifah ruang zong ah huatnak a um kho. Kan ram le kan vawlei, kan nunphung zong huatnak nih a hrawh thluahmah ko hih!

Zeitluk in dah hi zawtnak hi tih a nun tiah cun, lainawnnak tiang a chuahpi. Thil tha a chuahpi mi um lo; thencheunak, sikvelhnak, tukdennak le dinlonak lawng a chuahpi. Mi thinlung le kutke cawlcangh ran thawnnak a pek i, thil sining a thlenter khawh. A sullam cu, huatnak na ngeih mi in ai thawk mi thinhunnak phichuak cu kutthlak, bia hmurka fak in ti a si. Mit a cawtter, dawtnak le zawnruahnak a muihter tikah tukvelhnak a chuak. Tukvelhnak nih a hrin chin mi cu, thisen chuahnak a si; cucaah huatnak hi lainawngtu a si ka tinak zong a si. Hihi kan vawlei tuanbia zoh tikah chim cawklo le rel cawklo in hmuh khawh an si. Zoh law! 4th August 2009, US ram, Pennsylvania pengkulh Collier Township hrambunh LA Fitness kahthahnak zong kha huatnak ruangah a cang mi si. Hmunril ah ngaknu no tete 4 a thattu le a dang 9 hliamhtu George Sodini a si. Amah pumsa nuamhnak diriamhnak hmuh awk ah nu sin in hnawltu tete a ngeih caah a thinhun in nu cung ah huatnak lungthin a ngei i, LA Fitness ah pum cawlcanghnak (exercise) a tuah mi nu pawl a kah hna kha si. Hi lawng hlah! 2017 Las Vegas, USA kahthahnak in minung 60 fai nunnak a liamnak le New Zealand ram Christ Church biakinn kahthahnak in minung 51 nunnak a liamnak thilcang hna hrihhram taktak zong "huatnak" a si. Huatnak ruangah vawlei ah a thi mi hi rel cawk an si ti lo, cu tluk cun huatnak hi ṭihnung a si.

Vawlei tuanbia ah philh khawh ti lo ding The Twin Towers (World Trade Center) cimhnak zong kha "huatnak" ruangah a cang mi ti khawh si. Osama Bin Laden hruai mi Al-Qaeda ralhrang nih 11th September 2001, cawn nihnih ni zingka ah inn-phir an rak pah kha si. Minung 2,000 leng nunnak a rak liam. Nihin tiang 9/11 an ti i, hngalh camcinnak an tuah peng. Vawlei tuanbia ah kan theih mi tukdohnak le thahnawnnak phunkip tuanbia hrihhram taktak hi huatnak nih a hrin mi an rak si deuh. Vawlei ralpi pakhatnak WW I (1914-1918) zoh hmanh. Austro-Hungarian ukphung duh lo ruangah Kum 19 lawng a ti mi Gavrilo Princip nih ramuk bawi Archduke Franz Ferdinand le a thaisung Sophie Maria a thah hnanak in ai thawk kha si. Ralpi (WW II-1939-1945) thawhkehnak zong cu baak. German ram ralbawizik Adolf Hitler zia ṭhatlo ruangah hramhram in Poland pen le lak a duh i a tuknak in a chuak mi si. Phun dang in kan chim ahcun, huatnak thinlung le duhfahnak thinlung nih a chuahpi mi theitlai a si. Huatnak thinlung in an zoh hna caah minung 40 million nunnak a rak liam kha si. Hi vawlei ralpi pahnihnak (WW II) le The Holocaust ti mi hi ṭhen awk ṭha lo mi thil a si. The Holocaust cu, Judah mi nih tukthahnak an ton mi kha chim duh mi a si. 30th January 1933 ah, German ramkhel phu khat a si mi Nazi Party chungtel Adolf Hitler ram hruaitu rian khinh a si bak in "German miphun lawnglawng" ti mi ruahnak he ram a hruai. A ram chungum mi Jews siseh, Europe ram pumpi Jews mipeem cihmihnak khua a khaang i, 1933-1945 chung ah 6 million a thah hna. Hitler nih a chim mi cu, "Jews miphun hi kan ram mi ca ah ṭihnung cancer zawtnak an si. Jews tuanbia zoh tikah an kalnak le an phaknak kip ah sal-taang, saram tlukceo miphun niam an si, ṭihnung taktak mi miphun zong an si fawn. Cucaah hi Jews miphun cihmih le hloh hi kannih German miphun ca ah cun thianchehnak le khamhnak a si," ti. Amah Hitler nih siseh, Europe ramchung minung hna zong nih an huat tuk hna caah kha zatzat an thah hna kha a si. Chicago Suntime nih, "Huatnak hi ramkhel rianṭuannak ah hriamnam ṭha bik pakhat a si," a rak ti bang, Hitler nih huatnak hi kuttlaih hriamnam phun khat ah a rak hman ve. Huatnak nih a thinlung a muihter tikah minung limhaang a upatter kho lo. A mit a cawtter caah minung nunnak man a hmuhter kho hna lo i, sualnak ngei lo thah sawh bak in a thah hna. Cikkhat tuk le kah in thihter menmen zong a duh lo i, taksa pum in fahnak chiahru taktak an temtuar cikcek hnu lawng ah thi hna seh a ti hna. Tlaihhrem tampi an tong, sal ah an tlaih/zuar hna, rian har vialte an ṭuanter hna. Nihin tiang An-Semitism (Israel miphun huatnak) vawlei killi ah a umnak zong hi huatnak nih a hrin mi a si. Atu tiang Israel le Muslim ram pawl i ngiarnak a dong kho ti lo, an i huatnak le remlonak a dongh hlan poh an buai peng rih lai!

Khrihfa le Muslim buainak zoh rih sih! Kum zabu 11th hrawng thil cang "A Thiang mi Raldohnak-Holy War" kha ruat hmanh, Crusade an ti i Muslim le Khrihfa tukdohnak in minung tam tuk nunnak a rak liam kha mu. Atu ah cun "Crusade" ti ahcun "pastor" siloah "evangelist" pakhatkhat nih Baibal bia in cawnpiak khi kan sawhter cang hi mu. Pathian bia in Satan sual ṭhawnnak kan doh ti khi a va si hnga dek maw? Hi biafang hrihhram cu kum zabu 11th, 12th, le 13th (1096-1291) lio Khrihfa le Muslim raltuknak kha si. Byzantine Empire Alexios I Komnenos nih Holy Land ti lengmang mi Israel ram a pen lio ah Seljuk Turks (Muslim Turks) nih an rak tuk i Jerusalem khuapi telh in hmun zeimawzat an lak. Cucaah Byzantine Empire Alexios I Komnenos a ngaihchia, an lungfak tuk i Pope Urban II sin ah bawmh a va hal. Muslim kut tang ah Jerusalem um thai ding cu a si kho lo, cucaah ka bawm law kan lak ṭhan lai a ti. Cu tikah 1095 ah Pope Urban II nih Council of Clermont a hrihhawh hna i, 18-28 November tiang an tuah. Hi lio ah Khrihfa mi nih ral hriamnam i tlaih in Byzantine Empire kan bawmh lai i Mulsim kut in Jerusalem khualipi kan lak ṭhan lai, tiah a thanh. Cucu "First Crusade" a voikhatnak Khrihfa le Muslim kutdohnak ti a si. Hi bantukin Muslim le Khrihfa, Hindu le Khrihfa, Muslim le Hindu ti'n thahnawnnak vawlei killi ah a can lengmang mi hna hi "huatnak" ruangah a si ti khawh si.

Zeitluk in ah huatnak ṭihnung a si ti hi kan vawlei tuanbia nih fiang tein a kan chimh. Daihnak le rualremnak hi huatnak a um lonak hmun lawng ah a leng. Zeitintiah, huatnak cu siivai bantuk a si caah duhsah tein hawikomhnak le pehtlaihnak hram a chattu le a donghnak ah kan nun uktu a si kho. Huatnak nih kan nun a uk hnu ahcun mi ṭhatnak kan hmu kho ti lo, zaangfahnak zong kan ngei kho ti lo. Psycholoy lei minthang le PsychMatters dirhtu Joanna Kleovoulou nih a chim mi cu, "Huat mi ngeih cu, huat mi ca ah man phalh hau lo mi inn hlanh he ai khat," a ti. Phun dang in kan chim ahcun, mi pakhatkhat kan huat hna tikah kan huat mi pa/nu sin ah kan siningpi vai pek/ap khi a si. Kan huat mi kha vai cei seh kan ti hna lio ah kanmah lila fahnak kan rak i pek khi a si. Nuam na tinak hmun le hma ah na huat tuk mi a um ve ahcun na nuam kho lai lo. Hawi he hnianghrawmnak hmun ah nan kui nan laam len lio ah na huat tuk mi ra sehlaw na nuamhnak a dul lai. Na nuamhnak le lawmhnak vialte huat mi na ngeih ruangah a dulh tikah a tuartu cu na huat mi si loin nangmah na si. Huatnak nih thong ah an thlak ka ti lai cu! Na nun rethei lai, sal nun he ai khat cang. Na huat ruangah amah sin in thil ṭha na don ding a um hmanh ah co lo na thim deuh lai. Cu tikah ai cei mi cu nangmah na si hoi. Nan i pehtlaihnak hri a cat lai i, dawtnak a dong lai, ral a ser lai. Nan karlak ah ral a ser a si ahcun i rem ṭhan khawh a har, i dawt ṭhan khawh a fawi lo. Cucaah huatnak na ngeih mi kha rawl na pek i na ṭhanter a si ahcun nangmah le nangmah fahnak na pek a si hlei ah, thil ṭihnung a chuahter khawh caah dawtnak tu nih khat le khat kar ah pehtlaihnak ṭha ser seh. Kan ram dam seh, kan Khrihfabu dam sehlaw kan chungkhar zong dam seh. Huat sal sinak in luat khawhnak lam cu remdaihnak le dawtnak a si.

3. Forhfialnak Hmual

12th September 2007 cu "National Day of Encouragement," tiah US ram Arkansas State cozah lutlai Mike Beebe minsen thut he rak phuan ni kha si. Harding University, Arkansas, US ah Encouragement Foundation nih an dirh mi si. A voikhatnak bik National Day of Encouragement hman siseh ti hi, Mayor Belinda La Force of Searcy nih 22nd August 2007 ah a rak phuan. Anmah Arkansas pengkulh cozah lutlai Mike Beebe nih September 12 cu National Day of Encouragement ti'n hman siseh, tiah minsen thutnak a ngeih hnu ah, President George W. Bush nih minsen thutnak he thanhnak a tuah ve. Zeiruang ah dah hihi an tuah tiah cun, University kai mino tete hna nih khat le khat thazaang peknak le forhfialnak chambau zawtnak hi kan ram le vawlei nih fak tuk in a ton mi harnak nganpi a si, tiah an ruah caah a si. Cu tikah US ram pumpi mitthli le hnapduk he an i ciah ni 11th September 2001 philhlonak ni an hman thaizing ah tuah a si tawn. A ruang cu hi caan ah ngaihchiat mitthla tlak a tong mi, puicimh zawttlak a tong mi hna forhfialnak le thazaang peknak in khat le khat hawikomhnak an ngei. Encouragement Foundation thil tuah mi cu thil ṭha ah ruah cio a hung si i, nihin ah cun hmun tampi ah pehzulh in tuah a si cang.

Kan hawi ramdang zatlang le nuntual nun a dam khunnak hi nun chimtu siloah ruahnak petu (counselors) tampi an ngeih caah a si rua ka ti. An sii-inn, sianginn le a dangdang bu rianṭuannak (community tbk.) kip ah thazaang petu siloah ruahnak petu/fimchimtu (counselors) an chiah hna. Anmah sin ah kal in nun daan thiamnak cawn khawh a si, ruahnak zong va hal khawh an si. Tangka kong ah buainak, tangka semrel thiamnak, zudin ruang harnak, kuak zuk ruang harnak, phe kah ruang harnak, game kah ruang harnak, ngaknu tlangval kar buainak, khuasak tintuknak ca lungretheihnak, tbk. ton tikah anmah sin va kal a si. Hi bantuk mi (counselors) an ngeih hna caah an ram a dam, chungkhar a dam i an zatlang nun zong a dam. Kannih Laimi tu cu kan ngeih ve lo caah pumpak nun a rawk, chungkhar ngan a dam lo. Kan chungkhar le pumpak nun a dam lo tikah zatlang nun tiang a hnursuan. Pastor cu

tampi kan ngei ko hna nain anmah le an ṭuannak Khrihfabu chung
vial tiang lawng an huap (limited) caah thazaang a cak kho lo. Nun-
sual ai huah mi kha Baibal mit in an zoh hna i an cawnpiak hna. Zu-
ding, game kah, kuak zuk le pumpak in siseh, chungkhar nih siseh
ton mi harnak siloah buainak vialte zong Baibal mit in an zohpiak
hna i an cawnpiak hna. Cucu thil ṭha tuk a si ko sinain an thlarau
nunnak ca ah an tuah mi thil ṭihnung a si ti'n cawnpiaknak lawng si
loin, taksa in vawlei ah nunzia kan thiam nakhnga forhfialnak le
thazaang peknak zong a rak herh. Anmah (pastors) hna dah ti lo,
cawnpiaktu dang (counselors) kan ngeih ve lo caah Khrihfabu rian
an ṭuannak dah ti lo, zatlang nun, pumpak le chungkhar ngandam
nakding ca a si ti'n ruah mi zawn ah cun rikhiah (limited) an ngeih
lo ding zong a biapi. Laimi chung ah forhfialnak le thazaang peknak
a tlawm tuk ca ah phalh awk ṭhalo mah nunnak lak sii-vai nih a kan
thah thluahmah. Biakinn chung ah cun thlarau lei thazaang i
hrimhnak le karhlannak ding forhfialnak biachim a tam ko, sinain
kan chan vawlei kal ning in kan kalnak ah siseh, khuasaknak ah
siseh, kan chunmang lamthluan zulh in tinh mi lam kan zawhnak ah
thazaang peknak a tlawm tuk. Zu nih dolh ruangah nunnak tam tuk
a liamnak zong hi forhfialnak le thazaang peknak kan chambau a
langhnak pakhat a si. Nu le pa zong nih hrinhniang fale forhfialnak
le thazaang peknak a um tuk lo. Thazaang kan pek cem hna ah "na
sianginn kainak ding ca ah dawh thlanti he rian kan ṭuan hih" tiah
awka-hrang in kan ti hna. Forhfialnak le thazaang pek kan thiam lo
hlei ah, zeitluk in dah hmual a ngeih kan hngal lo cucaah kan fale
tampi chunmang hlawhtling kho lo in an um. Fimthiamnak an
cawnnak ah baangbat in an um. Tanghra chuak kan tlawm i,
miphunpi nih bochan awktlak tiang a chuak kho mi kan ngeih
tlawmnak zong hi forhfialnak le thazaang peknak a um lo caah a si
klan ti khawh.

   Mifim nih an chim tawn, Sibawi (doctors) nih an herh bik
mi thiamnak tampi lakah pakhat cu "thazaang pek/forhfial" thiam a
si tiah. Zeicahtiah damh khawh lo zawtnak a ngei mi tampi an ton
hna. Hmual fak ing tampi an ton hna. Tuksum khawndennak hma
ing tampi an ton hna i, in khawh har nganfah tuar tampi an ton hna.

Hi vialte minung an thlopbulnak hna ah sii-ai an hman hlan ah "forhfialnak le thazaang peknak bia" an chim hmasa ti si. A thi bak ding a si mi hmanh na thi lai an ti colh hna lo. Damh khawh ti lo ding zawtnak zong hnu an chit colh hna lo; forhfialnak le thazaang peknak bia le hla an pek hna. Zeicahtiah minung nunnak ah thinlung a biapit tuk caah a si. Lungdonghnak bia kan chim hna sehlaw damh khawh colh ding a si mi zawtnak hmanh nih lungder in a kan chiah lai i kan pelh colh ko lai. Cu bantukin hlawhtlinnak kan ti mi zong ah hin teimaknak lawng in tlam a rak tling kho ngaingai lo, forhfialnak le thazaang peknak a rak herh. Cucaah na fale kha hei si te hna seh ti saduh nan thahpiak mi an phak khawh nakhnga atute hin thazaang peknak le forhfialnak na ngeih zungzal hna a herh. Fim an cawnnak ah teirialnak an ngeih khawh nakhnga ruahnak na cheuh a herh i, an zulh mi tlamthluan ah a ton mi harsatnak vialte a tei khawh nakhnga thazaang pek a herh. Cuti thazaang peknak in na fale na dirkamh hna a si ahcun na fa thil tuah mi ah 70% na bawmh tinak a si.

Minung sining hi thilnung tampi he tahchunh a si tawn. Thingkung ramkung he zong an tahchunh. Pangpar pakhat a par khawh nakding ah non a herh, thli a herh i. ti zong a herh bantuk khi minung nunnak zong hi a si. Minung lamthluan ah theipar chuak lakin a par kho mi si nakding ah non pek kan herh ve. Cucu "forhfialnak le thazaang peknak" a si. Kan vawlei hi harnak phun zakip nih a khuh mi ram a si caah kan herh khun. Lung donghnak kan ti mi hna hi thazaang peknak le forhfialnak a um lo caah dawh a si. Thazaang peknak le forhfialnak a tlawm ruangah puicimhnak le zawttlaknak nih nun a den tikah kan hmuitinh ngol ruahnak kan ngei tawn. Cucu mi kan i herhnak a langhnak a si. Kanmah um cio in kan um ruang, mah zawn lawng ruahnak lungput nih kan zatlang nun siseh, kan chungkhar nun, kan Khrihfabu nun tiang a zawtter. Minung hi ai herh dih mi kan si hi philh lo a biapi tuk. Zute nih Chiandeih a khamh i, Chiandeih nih Zute a khamh bantuk kha kan si. Kan i herh dih bantukin ai bawmchan ding lawngte khi kan si. Cu bawmhchanhnak kan i pek khawh dih ding mi thil cu "khat le khat forhfialnak le thazaang i peknak" in a si. Zeitlukin dah thazaang peknak le forhfialnak hi a biapit ti ahcun, puicimh zawttlaknak khur chung kan um lio, bawmchantu kut vanhai in lungretheihnak le vansannak chum nakpi nih a kan khuh lio caan i na thachia hlah, na lungdong hlah, na tuah khawh ko lai, na tei hrimhrim lai, tiah thazaang petu an rak um ahcun um nun a nuam, zaang a tlung. Anmah forhfialnak bia le hla nih lungdonghnak chungin a kan chuah. Culawng si lo, thazaang peknak le forhfialnak nih:-

- ➢ **Kan hmuitinh phak nakding chunmang a kan ngeihter:** Micheu nih thazaang umnak "Datsa" (Oral Rehydration Solution-ORS) he an tahchunh. Chungtlik siloah senteen (dysentery) nih a kan tlunh lio thadih caan i Datsa (ORS) kan van din i thazaang tlun bantuk a si an ti. Kan ton mi harnak le lungretheihnak vialte, kan hawile sin in kan theih mi thazaang peknak bia nih a choih dih. Muihnak horkuang chung ah ceunak a kan petu meifar bantuk a si.
- ➢ **Ruahchannak a kan ngeihter.**
- ➢ **Ruahnak thar a kan pek.**
- ➢ **Pahrang kan ngeih mi, thil ti khawhnak le thiamnak kan ngeih mi siseh, zumhnak kan ngeih mi a kan tharchuahter.**
- ➢ **Teirialnak le teimaaknak a kan ngeihter.**
- ➢ **Kanmah le kanmah i zumhnak le nun-man i upatnak a kan ngeihter.**

Ka ngakchiat lio kum 13 hrawng ka si ah mi pakhat nih a ka thawh i, "Nangmah hi cu santlaihnak zeihmanh na ngei lo. Hruh nih na hrut. Na mui dawh lo chinchap ah na paw nih puar. Thiam mi zong na ngei lo, na upat tik zong ah zeihmanh na si hlei lai lo. Nangmah bantuk minung hi mivanchia taktak nan si," tiah a rak ka ti. Taang 7 ka hung kai i mi pakhat nih a ka ti hoi mi cu, "Na mui dawh lo he! Mihrut, thiam mi le ti khawh mi zong zeihmanh ngeih lo. Nangmah bantuk minung hi cu tirawl lawng nan heu, a nung ding zong nan si lo," tiah a rak ka ti i, thingpel in ka tanpawr ah thi chuak lakin a ka rak cheh. Hi kum ṭhiamṭhiam ah sianginn ca a ka chimtu

nih kan hmailei saduhthah le tinh mi a rak kan hal i "pastor" si ka
duh ka rak ti. Pastor si duh ahcun atu hin sianginn i phuak law
Baibal va cawng ko. Cucu na ca ah a ṭha deuh lai, na cathiam lo he!"
a rak ka ti. Keimah lawng ka si lai lo, ka ton mi nakin a fak deuh mi
hmuhsipnak, thlanglamhnak tong mi tampi nan um ko lai. Chim duh
mi cu, mi thachiatnak, zohchuknak le zeirellonak si loin thangṭhat
le cawisan, thazaang peknak le forhfialnak tu in khat le khat taw kan
i domh a herhnak kha si. Baibal zong ah kan hmuh mi cu, "A caan
hmante (hmaka) ah chim mi biafang bia kaa khat cu ngun bawm
chung i sui theitlai bantuk a si," (Phungthlukbia 25:11) a ti. Nihin
na chim mi bia hna hi thaizing na nunnak ah biaceihtu a si bantukin
forhfialnak hi kan chunmang tlinnak, kan tuarnak hma damnak le
kan vawlei damnak a si ve. Mizei kan ca hmanh ah thazaang petu le
forhfialtu ngeih lo ahcun hlawhtlin a har. Mihlawhtling na ti mi hna
an thazaang le an hram taktak khi forhfialtu le thazaang petu, taw
domhtu an ngeih caah si. Pathian nih tlukruang tein "forhfialnak le
thazaang pek" thiamnak laksawng a kan pek. Cu laksawng hman
thiamnak ah Intelligence Quotient (IQ) ṭhat a herh lem lo. Mi dang
ca ah forhfialtu le thazaang petu si duhnak lungput ngeih khawh a
biapi deuh. Nifatin thazaang petu herh in, forhfialtu vanhai in a thi
mi hi rel cawklo an si. Nun beidong in ruahchannak a pit cang mi
zong rel cawklo an si fawn. Hi vialte nih an ton mi le temtuar mi
kan va hngalh ngaingai lo hmanh ah, thazaang peknak bia le hla hi
an nun nih a rak herh bik mi vitamin siseh law kan hngal lo. Cucaah
mi dang ca ah thazaang si ding hi kan vawlei nih a herh bik mi sii
phun khat a si.

4. Dawtnak Hmual

Dawtnak hmual ti mi cu, dawtnak nih a ngeih mi thilti
khawhnak, ṭhawnnak le a tuah mi kha chim duh mi a si. Dawtnak hi
phun li a um an ti. Cu hna cu: Pathian dawtnak (Agape), chungkhar
dawtnak (storge), hawikom dawtnak (Phileo) le pumsa duhnak in a
chuak mi Dawtnak (Eros) hna an si.

Agape Dawtnak: Agape ti mi cu, "ruang ngei lo dawtnak, sining ah ai hngat lo mi dawtnak, mah zawn lawng ruahnak tel lo dawtnak, Pa Pathian nih a Fapa lu hloh in a kan dawtnak" kha a si. Dawtnak vialte lakah a sang bik le a sung bik mi dawtnak a si. Hi dawtnak cu kan phut tawklo, hlawhnak kan ngeih lo bu in Pathian nih a kan hrawmh mi dawtnak a si. Baibal nih Pathian cu dawtnak a si a ti (1Jhn.4:8); cu nih a chim duh mi dawtnak cu "agape dawtnak" a si. "Agape" ti mi cu Greek biafang a si i "Sertu Pa Pathian nih a sining ah ai ngeihchih mi dawtnak, fale kan cung ah a thlet mi dawtnak" kha a sawh duh mi cu a si. Hi dawtnak cu thinlung in tuar sawhsawh mi le leidang in phuan sawh mi a si lo. Tuahsernak in langhter mi, nunnak pek tiang in langhter mi dawtnak a si. Cucaah minung hna khamh awk ah Fapa ngeihchunte kha a hun thlah i kanmah lu hmun ah a lu a hloh i, Amah a zum mi hna ca ah agape dawtnak nih a chuahpi mi zungzal nunnak laksawng pek kha a si (Jhn. 3:16). Zeitluk in ah Agape dawtnak a sun tiah cun, ngeihchun fapa peknak, van sunparnak vialte kaltak duhnak, mi dang sual ruangah sual man thih duhnak, mithurhnawm tlanh duhnak le mifir le misual he remdaihnak, hawikomhnak ser a duh lawng si loin, fa ah cohlan duhnak tiang a ngei. Vawlei cung ah Thawngtha chim thiam bik tiah an ti mi, Charles Spurgeon nih a chim mi cu, "Kannih nih Pa kan dawtnak hmurka in kan chim, sinain Pa nih kannih a kan dawtnak cu Fapa in a langhter" a ti. Ngeihchun Fapa in a kan dawtnak a langhter tikah kan sualnak kha a kan ngaihthiam i miluat ah a kan ser (Rom 3:24). Cu thisen tlanhnak kan i hlawkpi mi cu, zungzal nunnak (Biat 5:9-10), sual ngaihthiamnak (Efe.1:7), thiamcohnak (Rom.5:17), chiatserh in luatnak (Kal.4:13), Pathian chungkhar sinak (Kal.4:5), sual sal in luatnak (Tit.2:14; 1Pet.1:14-18), Pathian daihnak (Kol.1:18-20) le Thiang Thlarau umpinak (1Kor.6:19-20) an si. Cucaah Agape dawtnak thawngin tlanh mi kan si cang caah ngaihthiam mi zong kan si. Thisen thawngin mithiang ti kan si tikah miluat tiah biakhiahpiak kan si i Pa he kan i rem. Pa he Khrih thawngin kan i rem cang caah fa ah lak kan si i, Pathian chungkhar tling kan si cang. Cucaah Pathian dawtnak, Agape dawtnak kan ti mi cu, "Kan phutlo le hlawhlo bu ah Pa nih vel a kan ngeih le sual man thih awk kan i tlak lio caan ah kanmah hmun ah Fapa lu a hloh i khamhnak luatnak a kan pek mi" hi a si.

Chungkhar dawtnak: An chim tawn, dawtnak lakah hin nu le pa le fale karlak dawtnak hi a sungbik dawtnak changtu a si tiah. Greek ca in 'storge' an ti i a sullam cu chungkhar ah a leng mi dawtnak khi a si ko. Phun dang in chim ahcun, nuva karkhuah dawtnak, fanu fapa hna cung ah langh mi le nu le pa cung ah langh mi dawtnak kha chim duh mi a si. Cubantuk dawtnak cu fawilaang tein ai thawk kho mi, chantlung tiang a nguh mi dawtnak a si, tiah mifim nih an chim. 2015, Tuluk ram The National Judicial Exam ah siangngakchia hna nih bialehnak (a phi) an i harh bik mi biahalnak cu, "Meikaang chung ah na nu le na nungak/tlangval um veve hna sehlaw ahodah na chanh hmasa hnga?" ti a si. Minung pakhat pa nih a thawh mi hna cu, "nu le pa cu mi dang nih aiawh khawh mi an si lo i, hringtu nu le pa hlei ah adang um khawh nolh a si lo caah, ka nu ka chanh hmasa lai," tiah a leh hna. Nu le pa hi aiawh khawh mi an si taktak lo, cucu an dawtnak a thuhsanzia a langhnak pakhat a si. Fale ca ruah ah an retheih le temtuar ning, chukcho hrawng in khuasik, nilin le ruah sur dang lo in an ṭuan. Cutluk cun fale kong ruah ah taksa le thinlung retheih a tuar mi nu le pa an si. Caṭial thiam minthang pakhat Mary Fairchild nih a chim mi cu, *"Fale hi lachon bantuk an si, nu le pa thluak le thisen reu viar in a dawptu an si"* a ti. Phun dang in chim ah cun. fale a kan dawt tuk ruangah a kha mi haang an dawp i a thlum mi tizu fale dawptertu cu hringtu nu le pa an si. Rev. Sun Myung Moon bang nih cun "nu le pa dawtnak tlukin vawlei cung ah a thlum mi le a kau mi dawtnak a um lo. An kan dawtnak hi ruang ngei lo le sinak cung ah ai ngat lo mi dawtnak a si. An dawtnak hi kokek dawtnak zong a si fawn. Cucaah pei ngakṭah kingro a si mi hna, nu le pa dawtnak a tep manh ve lo mi hna nih hringtu nu le pa van an hai khunnak hi a si cu. Nu le pa a ngei lo mi hna cu zeitlukin an rum, inn le lo ṭha chung ah an um ko zong ah an thinlung in nu van le pa van an hai peng. Hringtu nu nih a ṭang nem cung ah pomcawi le hringtu pa keng cung ah thu hliahmah tein i hngilh kha an hlam peng. Cutluk cun nu le pa dawtnak hi a sung" tiah a chim.

Cun nu le pa dawtnak hi nunpek dawtnak a si. Hringtu nu hnuk thlum fale nih kan dawp hi a thisa kan dawp a si. An i lawmh bik caan hi an fale nih kiakkiak tiah nu hnuk kan dawp khi a si. Man pek loin a hnuk thlum kan dawp le a kan cawmken ko zong ah an fale a kan hmuh tikah lunglawmhnak in an khat. Zeitik hmanh ah a kan cawmken man cawhhal a um bal lo. Sinain nu le pa nihhin phut mi (ruahchannak) fale sin in an ngei ve, cucu thisen reu le ṭuakpar tiangin cawmken mi fale nih an nawlngaih le an duh ning tein nun le um khawh kha a si. Cuti kan um i ka nun ahcun nu le pa lungdi a riam, hna a ngam, a kan dawtnak kan cham hnanak pakhat ah an ruah. Ka pa nih a ka ti mi cu, *"Na nu le pa nih kan in dawtnak hna hi tangka in cham na kan timh ahcun na kan cham kho lai lo. Inn tlumlo in tangka cu ngei hmanhlaw cu zong nih kan in dawtnak hna hi a rulh kho lai lo. Taktak ti ahcun hringtu nu le pa nih fale pakuahra cawmken hi a fawi ko, sinain fale pakua-hra nih nu le pa cawmken ti mi hi a har tuk. Cucaah kan in dawtnak leiba cham na kan duh ahcun kan bia ngai u, kan duh ning in um khawh i zuam u. Kan in cawnpiaknak hna le chimhrinnak hna i ngai u. Cucu kan cung ah dawtnak leiba nan ngeih mi nan kan chamnak ṭha bik a si"* a rak ka ti. Cathiang chung zong ah Paul nih Efesa 6 chung ah a chim mi cu, "Nu le pa dawtnak hngal bu tein an nawl ngaih le cawnpiaknak zulh cu nun khuasaunak le thluachuah hmuhnak a si" a ti. Cucu fale nih nu le pa dawtnak leiba kan ngeih mi chamnak pakhat zong a si caah, an mitthli tlaktertu le lungfahtertu si loin an lunglawmhtertu, mithmai a hngaltertu fale si i zuam a herh; zeicahtiah a sung mi nu le pa dawtnak hngalh cu thluachuah hmuhnak a si.

Hawikom Dawtnak: Greek holh in "Phileo" an ti i lenpi hawi karlak ah a leng mi dawtnak a si. Lai phungthluk ah, "Hawikom ṭha le liangdan ṭha" ti mi le "hawikom ṭha cu sui le ngun" ti chimbia kan ngei. Cu bantukin India nih hitihin phung an thluk ve, "Hawikom ṭha ti mi cu, na liang cung thil rit an chawng/chang duhtu an si" an ti. A tawinak in chin ahcun, kan harsatnak, kan retheihnak, kan ngaihchiatnak ai hrawm duhtu kha an si. Nupi ṭhit caan kawi tlaih le va ngeih tik maw kan i tlaihnak zong hi "dawtnak hmual" a si. Har caan ah siseh, lawmh caan siseh, a kan dirpitu ding, a kan kilhkamhtu ding ti khi si. Kan hawikom ṭha cu chuahpi unau tluk in kan dawt hna; biathli vialte kan chimhruah ngam hna. Kan lungfahnak siseh, kan i lawmhnak siseh, kan sining dihlak kan chimhruah hna. Hihi zumhtlak an si ruangah a si dih lem lo, an lungthin dihlakin a kan dawt ve ko timi zumhnak kan ngeih ca tu ah a si deuh. Kan i hawikomhnak ah kan i pehtlaihnak ziartiannak um hin lo tein zumhtlak sinak in hawikomhnak hram kan thlak tikah zeitluk in dah dawtnak hmual a ngan i a thuh ti mi a lang. Baibal tuanbia ah siseh, nihin kan vawlei chan zong ah mithmuh kuttawngh in hawikom kar dawtnak hmual tampi kan hmuh khawh. Baibal ah David le Jonathan kar dawtnak zong kha zoh hmanh, nunnak thap tiang in dawtnak nih a sengh hna.

Pumsa Duhnak in a chuak mi Dawtnak (Eros): A tawi fiannak in kan chim ahcun duhnak a pawichih mi dawtnak a si. Hi dawtnak cu mit ah ai fu, sinain dawtnak taktak cu thinlung le nun nih a cawm mi chung in a chuak mi a si. Cucaah dawtnak tak maw a si, duhnak nih a chuahpi mi dawtnak dah a si ti hi theidan thiam a biapi. Zeitintiah duhnak cu mitthitnak ah a um, nain dawtnak cu zaangfahnak le zawnruahnak ah a dir. Duhnak cu lenglei lawng a zoh, sinain dawtnak nih cun chunglei a zoh. Cucu duhnak le dawtnak an i dannak cu a si. A caancaan ah cun minung kan si bantukin lenglang lawng kha kan zoh tikah duhnak nih kan nun a kan lak deuh tawn i a tei tawn. Zeicahtiah mit nih a cohlan cang mi kha thinlung nih a uk khawh tawn lo caah a si. Cucaah dawtnak nakin duhnak a ṭhawng deuh tiah cheukhat nih kan chim phahnak zong a si. Baibal kan zoh tikah duhnak nih a hrin mi dawtnak ṭihnung a sinak kha kan hmuh. Tahchunhnak ah David fapa Amnon le a farnu Tamar-Tamar ai dawhnak ruang sawhsawh ah dawtnak tel loin Amnon nih a duh. A duh mi hmuh nakding ah kan dawt a ti (2Samuel 13). A taktak ah a duh mi Amnon nih a tlinh tikah dawtnak a rak i tel lo mi duhnak cu thihnak le lainawnnak tiang a chuak. Anmah lawng an si lo, Baibal hmun dangdang ah dawtnak tel lo duhnak ṭihnung a sinak kan hmuh lengmang. Cu nih a kan cawnpiak mi cu, "mit nih a cohlan mi chungin a chuak mi duhnak, thinlung nih a cohlan theng lomi a si ko nain duhnak nih a hrin mi dawtnak in i komh hi zatlang nun thurhnawmhtertu zong a si, Khrihfa nun he zong ai ralkah mi a si caah kan mit nih a kan uk sual nakhnga lo ralrin a herh.

A cung kan langhter mi dawtnak phun li hi a thi kho lo mi an si. Vawlei a hmunh chung a hmun ding mi dawtnak an si. An dihlak in hmual ngei an si. Zeitluk in dah hmual an ngeih ti ahcun, thihnak le nunnak tiang khi a si. Dawtnak ruangah Pathian Fapa nih van sunparnak kaltak in vawlei ah thih ai thim, nu le pa nih fale zawnruah ah thih tiang rethei in rian an ṭuan. Ngaknu tlangval i duhdawtnak a tluan lo ruangah minung zeizat nunnak dah a liam cang mu—Korea lemcang minthang pawl hmanh tam tuk an thi cang khih. Nunnak liampitu a si bantukin cawmtu zong a si kan ti lai cu!

A tawinak in chim ahcun, dawtnak hi chungkhar damnak, Khrihfabu damnak, khuatlang damnak le ram damnak a si pin ah cawmtu a si. Cathiang nih dawtnak cu zeizong vialte rem ṭhipthep in funtomtu a si, tiah a kan cawnpiak bang in kan miphun, Khrihfabu le chungkhar ah dawtnak mei vang ko hna usih. Zeicahtiah, kan miphun, Khrihfabu le chungkhar ah dawtnak a len ahcun kan i nuam ko lai. Dawtnak tel lo ahcun i funtom khawh a si lo. Kan i funtom khawh lo ahcun kan i do tinak a si. Kan i ral ahcun a theipar cu ṭihnung tuk cang. Cucaah kan zatlang nun zong ah dawtnak kan herh. Dawtnak in khat le khat kan i kilkamh ahcun zei thil kan tuah hmanh ah kan lohma a cak ko lai. Kan i dawtnak zong lungthin dihlak in a si awk a si i, duhnak a tel mi dawtnak kha si loin thlachiat a ruat i zaangfahnak a ngei mi dawtnak, amah zawn lawng aa ruat mi le a thintawi mi si loin a nunnem mi dawtnak. Midang palhnak ah a lungdi riam mi si loin biatak he mi nun a hruaitu dawtnak le lung dongh a hmang lo mi dawtnak in i daw hna usih. Cucu Khrih nih kannih zohchunh awk ah a kan hmuhsak mi dawtnak a si lawng si loin, tuah awk ah a kan fial mi rian zong a si. Chungkhar kan i zohkhenhnak ah siseh, hawikom he dawtnak in pakhat le pakhat kan i komhnak ah siseh, Pathian cohlan mi dawtnak in i daw hna usih. Cucu zeizong vialte rem ṭhipṭhep tein a funtomtu dawtnak cu a si.

5. Zaangfahnak Hmual

1998 Japan khualipi Tokyo ah tuah mi World Kindness Movement-General Assembly ah 13 November cu World Kindness Day ti'n hman siseh, tiah World Kindness Movement nih an rak aupi i hman a si. Hi World Kindness Movement ah hin Canada, Australia, Nigeria, The United Arab Emirates (UAE), Italy le India hna telh in ram 28 an i tel cang. Non-Governmental Organization (NGO) nih biatak thlak in a kalpi cuahmah i, United Nations ah phakpi i zung khar in ulh ding tiang an saduhthah a si. Vawlei cung hmunkip sianginn siangngakchia he World Kindness Day an hmanpi tawn hna. An hmuitinh bik mi cu, dawtnak le zaangfahnak lungput he khat le khat i dirkamh i, vawlei ah remdaihnak lenter kha a si. 2019 December ah Tuluk ram Wuhan khuapi in aa thok mi pulrai COVID-19 nih vawleipi a deng i mitthli le hnapduk he i ciah lio caan ah 2020-World Mental Health Awareness nizarh hmannak i an tlangtar zong "Zaangfahnak"-Kindness ti a si. World Mental Health Awareness hmannak tawlreltu lutlai Mark Rowland, Chief Executive of the Mental Health Foundation nih a chim mi cu, "Kan tuar cuahmah mi pulrai COVID-19 dohnak ah siseh, kan minung hawi thluak tlamtling lo zohkhenhnak ah hriamnam ṭha bik cu 'zaangfahnak' a si. Cucaah tu kum 2020 kan tlangtar ah "Zaangfahnak" kan thimnak hi a si a ti.

Nihin kan vawlei raldohnak ah kan herh bik mi hriamnam hi nuclear a si lo, zaangfahnak a rak si. Zeicahtiah, zaangfahnak nih holh phun dawnkhantu vialte a hrawh, lamhlatpi a um mi hna thinlung a tongh, mi vialte, a nak, a raang le sen ti um loin a kan funtom dih. Professor of Environmental Studies and Politics, David W. Orr nih a chim mi cu, *"Kan vawleipi nih mi hlawhtling tampi a herh lo, remdaihnak sertu, midang cung ah zaangfah zawnruahnak a ngei kho mi tu a herh deuh hna,"* a ti. Vawlei remdaihnak len nakding ah General Min Aung Hlaing le Adolf Hitler bantuk ruru hranghrang in ram a uk mi pawl hlohnak in siseh, ram khat le ram khat tukdoh ngolnak in siseh, daihnak vawlei ah a leng lai lo, mikip thinlung ah zaangfah zawnruahnak nih hmunhma a lak dih hnu lawng ah remdaihnak a leng lai. Cucaah pei, zaangfahnak kan ti mi cu, kan pawngkam minung hawi sin ah kan thinlung ṭhatnak bik va hrawmh khi si, an tinak a si cu! Zaangfahnak ti mi cu thil tuah fial khi a si lo, midang cung ah fahnak le harsatnak pek lo/tlunter lo khi a si. Nihin kan vawlei ah ngol ding in aupi cuahmah mi thih dan peknak (capital punishment) zong hi zaangfahnak a um lonak ram ko ah a tam. Hi thih dan peknak (death penalty) a tam biknak ram hi Tuluk (China) ram a si i a chang hi Iran, Saudi Arabia, Iraq le Egypt an si hna. Amnesty International le British Broadcasting Corporation (BBC) nih an langhter ning ah cun, 2019 chung ah vawlei cung ram 20 ah thih dan peknak in minung 657 thah an rak si i, 2020 ah cun ram 18 nih minung 483 an thah hna ti'n an langhter. Hi thih dan peknak in mi thah (penalty death) phung (law) a hlonh (abolishment) mi hi ram 106 an si cang, a pehzulh rih mi hi 56 an si rih. Kawlram nih hri-thlai in thah hmasa bik mi ah kanmah Laimi-Salai Tin Mg Oo ai tel. Hi vialte minung thah an sinak hi zaangfahnak a um lo caah a si ti khawh a si.

2014, India ram khua lai Bhopal khuapi sianginn ka kai lio ah tlanglawng in ka rak kal. Sifah harsat chinchap ah sianginn kai lio kan ti cu tangka sumren pah a hau ti'n a man deng bik ṭhutnak um lo mi dal ah ka lut. Anmah nih cun General Room an ti i zatlaang umnak kan ti hnga maw, ralṭha deuh pawl cu ticket cawk loin a tomtom in an umnak a si. Minung kan tam tuk ah a ben rumro khin kan i beng i ke chiahnak hmanh ṭhalo tiang khin minung kan tam. Tlanglawng a dir hlan duhsah in a kal cuahmah lio khin a chung luh i cuh a si cang. Ai cuh kho poh nu he pa he i cuh a si i a nam bak in kan i nam. Cu lio ah vanchiat ah kan ti hnga maw, minu pakhat an en tuknak ah a tlu diam. Ahohmanh nih van thawh le van domh zong a um lo, a cil bak in an cil i a zun le ek zong ai ceh viar. Minung tam tuk nih cil le naan, lamh le chuih hrat cu a raak tuknak ah thaw chuah ding hmanh ngei lo tiang khin a kiuihram. A dongh mawrawt ah khin a thi cang an ti i tarpa pakhat nih a va thawh. Ti kik kan van toih, nu rual nih an van hmehsur i a van i hrim ṭhan. Annih Indian cu mithlachiat ruat an si lem lo, dawtnak le zaangfahnak ngei zong si theng hna hlah! Anmah orduh diriamnak, anmah lungsi hnangamnak le siaremnak a si poh ahcun midang cu mit an chinhkanh hna. India a phan bal mi le an ram chung tlanglawng in khualtlawng bal mi nih cun zeitluk in dah kutdok an tam le inn le lo ngei lo in lam kam ah khuasa an tam nan hngalh ko lai. Mitcaw, kebei, kutke ngei lo (pum tlamtling lo) an tam khawh ning. Awkhlawk hal in a vak i phaknak kip le siaremnak hmun poh ah a it le ei mi an tam tuk. Cu bantuk minung pawl cu zei sualnak an tuah lo zong ah kut an thlak men ko hna. Cu tluk cun zaangfahnak a ngei lo mi miphun an si (an dihlak an si tinak a si lo). Zaangfahnak an ngeih lo caah nihin tiang phun (India ah a tlangpi in phun pali a um cu lakah tawngh chia miphun ti mi Dalit miphun an um) thleidannak a fak, namnehnak a fak. Langhter ka duh mi cu ram pakhat ah, khua pakhat ah zaangfahnak nih hmunhma a lak tikah khat le khat kar pehtlaihnak a thuk, zawnruahnak a leng, dawtnak a leng i thleidannak zong a zor.

Zaangfahnak hi zei bantuk biaknak hmanh nih cawnpiak mi nunzia pakhat a si. Khrihfa nih khat le khat i dawt le midang cung ah zaangfahnak ngeih ding kan i cawnpiak bantukin biaknak dang zong nih an i cawnpiak ve. Buhdist biaknak tlangbawi ngan Dalai Lama XIV bang nih cun, "Kei ka biaknak cu 'zaangfahnak' a si," ti. Biaknak kip nih kan i cawnpiak ko nain vawlei ah zaangfahnak a leng maw ti ahcun, huatnak nih a lerh deuh. Namnehnak nih a lerh deuh i thleidannak nih a khuh i buainak a karh. A ngaingai ti ahcun buaibainak a chuahnak hrampi hi zaangfahnak ngeih lo ruangah dawh a si! Zeitintiah, zaangfahnak a um lonak nun ah thinlung tlangsannak le huatnak pei a karh cu. Cu thinlung tlangsannak nih cun lungfahnak le soiselnak a in tikah teirulchamnak lawng a ruat; sinain zaangfahnak nih cun a lei a ṭem. Midang cung ah huatnak, namnehnak, soiselnak le thinhunnak ngeih ti mi hi thinlung a mui mi kan si a langhnak a si. Henry James nih cun, "Minung nunnak ah thil biapi pathum an um, cu hna cu: zaangfahnak, zaangfahnak le zaangfahnak an si," a ti. Ka biahram ah ka langhter mi World Kindness Day tuah a sinak le The World Mental Awareness nih "Kindness" tlangtar in zarh sung an hmannak hmuitinh hi, mikip thinlung ah "zaangfahnak" thlaici tuh i, hi kan umnak vawlei hi a ṭha deuh le aa dawh deuh in ser khi a si.

Kan vawlei hi nganfahnak in a khat i lungkuai mi rel cawklo, bawmhchanh hau mi rel cawklo, zuuntlem mi rel cawklo, zawtnak tuar mi rel cawklo in hrum-ainak nih vawlei hi a tlirh in tlirh. Hna nih a theih khawh lo mi le mit nih a hmuh khawh lo mi innkhar phen ah ṭahnak aw a thang. Cu bantuk minung sin phak khawh nakding ah "zaangfah zawnruahnak" thinlung le nun ngeih a herh. Zaangfahnak kan ti mi hi aw, uluk tein zawnruahnak he siarem deuh le ṭha deuh in midang ca nun khi dawh a si cuh! Cu nun cu mi dang he pehtlaihnak lam thar a ser i naihniam tein a kan chiatu a si. US ram Rhode Island pengkulh Providence biaceihtu Francesco "Frank" Caprio a minthannak tampi lakah pakhat cu "zaangfahnak" a ngeih mi a si. Biaceih bawi a ṭuan chung ah a ceih mi kong (cases) hi lamsul zulhphung buarnak kong a tam bik ti si. Bia a ceih tikah amah nih biakhiahnak tuah awk ṭha ding a si ko mi ah ngakchia tete biachahnak a tuahter tawn hna. Bia a ceih mi hna dirhmun zoh in phung buartu nih a cawiliam hnga ding mi tangka cawiliamter lo in a ṭuannak zung ah hlut mi tangka a hman tawn. Mi cung ah dawtnak le zaangfah zawnruahnak a ngei i mikip nih an uar, an upat i an chimthiam ngai. Bia a ceih lio tete muicawl in an thlak i cucu "Caught in Providence" tiah min an bunh. An thlak mi muicawl (videos) cu mikip nih zoh an duh cio. 2017 ah minung 15 million nih an zoh i 2020 ah 300 million tluk nih an zoh cang ti si. Hihi biaceih a thiam ruangah a si lo, mi cung ah dawtnak le zaangfah zawnruahnak a ngeih caah a si. A tuah mi thil tete hmuh a nuam, zoh aa dawh i a mikip nih bia a ceihnak video zoh ah thinlung zaang a dam tuk. Zeitintiah, Mark Twain nih a chim bang, "Zaangfahnak cu mitcaw zong nih an hmuh khawh mi le hnachet zong nih an theih khawh mi holh a si," caah si.

Mi nih na tuah mi an philh ko lai, na chim mi bia zong an cing lo men lai, sihmanhsehlaw zaangfah zawnruahnak in na langhter mi cu an philh ti lai lo. Phun dang in kan chim ahcun, an thinlung catlap le thluak cung ah hnawh khawh ti lo mi bia na ṭial tinak a si. Zaangfahnak nih ral ruang harsatnak, ṭamhaalnak, nuhrin covo namnehnak le dinlonak vialte donghter in a ṭha deuh mi ah a sersiam khawh. Ram le miphun, chungkhar le Khrihfabu sersiamnak zong ah hin zaangfahnak hi kan hram a si hmasa a hau. Zeitintiah zaangfahnak nih toidornak le ngaihthiamnak a hrin. Toidornak a um lonak hmun ah ngaihthiamnak a um kho lo, congoihnak le rualremlonak tu a leng. Rianṭuannak ah congoihnak a um ahcun a tluang kho lo. Hlasak thiam pop-star minthang Lady Gaga nih, "Keimah le keimah nun damnak ding ca lam ka kawl i ka hmuh khawh mi sii cu zaangfahnak a si," a ti bang, huatnak, rualremlonak, congoihnak vialte a teitu zaangfahnak zawnruahnak hi kan chungkhar ah leng seh, innpa chakthlang kar ah leng seh, Khrihfabu le khuatlang ah leng seh, ngaihthiamnak a hrin lai, toidornak a hrin lai. Toidornak le ngaihthiamnak a lennak hmun cu mi vialte thinlung nun dam tein kan lennak a si lai.

6. **Ruahchannak Hmual**

Minung vialte nih ruahchannak kan herh dih. Ruahchannak a ngei ti lo mi nunnak chung ah khuallam peh cu nun hi santlaihnak a ngei ti lo ti ruahnak khi a si. Mah le mah santlaihnak i hmuh ti khawh lo hnu ah cun, nun chuah lam dahnak nakin i fimhlawmnak lam ruah deuh a si. Taktak le ngaite ahcun, ruahchannak ralkah hi mah le mah i fimhlawm nakin a dih kho mi thil a rak si lem lo. Pastor Lian Chawn nih, "Minung tampi nih kan i fian lo mi pakhat a um. Cucu lunglawmhnak i a ralchanh hi ngaihchiatnak a si lo, thinhunnak zong a si lo. Ngaihchiatnak le thinhunnak nih cun thil pakhatkhat biapi ah kan ruah rihnak, kan siaherh rihnak le kan tlaihchan rihnak a langhter—ka ca ah san a tlai kho rih, ti mi ruahchannak lila a ngeihter. A taktak ahcun lunglawmhnak i a ralchan cu ruahchannak a reu i a um ti lo khi a si," a ti. Ruahchannak a reu cang mi nun an ruahnak nih thil kha a si kho ding (positive thinking) ti mi ruahnak a ngeihter khawh ti hna lo tikah zei thil an tuahnak hmanh ah lungthawhnak an ngei kho lo, tinh mi zong an ngei kho lo. Sinain thil pakhatkhat cung ah ruahchannak hram a bunh mi hna nun cu, an tuah mi ah hlawhtlinnak an hmuh lo hmanh ah an lung a dong lo, an hmuh khawh hlanlo lungdong lo le thanuam tein an kalpi chih. Cucu ruahchannak hi nunnak i a sii a si an ti tawn mi a si.

Ruahchannak nih ralṭhatnak lei ah lungput pahnih a kan pek. Cu lungput pahnih cu thil ṭha tuahnak le thil ṭhalo tuahnak ah a si. Ruahchannak a reu hnu ah cun nunnak ca ṭihnung a si mi pahchih zong a poi ah kan chia ti lo. Ziknawh eihmuarnak kan ti mi zong hi an eihmuar mi chung in pumpak hlawknak ding ruahchannak he tuah mi a si. Ram pumpi thimnak (federal election) caan i ramkheltu siloah thimnak cuhtu (candidates) hna nih thianghlim lo ngai in an hman mi tangka (black money) zong hi teinak hmuh ding ruahchannak he an cheh mi a si. Thil ṭhalo a si ti kan hngalh ṭualmal ko bu ah kan i ruahchan mi hmuh nakding a si ahcun ti mi lungput le ruahnak nih kan mit a cawtter i kan tuahchih thluahmah. Zoh law! 2021 Kawlram boruak thilcang zong khi ruahchannak ruangah a si ti khawh a si. 1st February 2021, zing arkhuang in ralbawi zik Min Aung Hlaing nih thahrum le meithal hmang in uknak a chuh tikah nunnak tampi a liam cang. Thimnak (election) ningcang a tlai lo tiah ai silhnalh, sinain a tak le ngaite tiah cun uktu, rampi hruaitu si duh tuknak lungput ruangah a si ko. Thimnak dik lo i tlaih in uknak ka chuh ahcun ram pumpi hruaitu ka si kho lai ti mi ruahchannak a ngeih caah a si kan ti lai cu. Ai ruahchan mi nih a thinlung mit a cawtter i rammi thisen nih Kawlram a kholh cuahmah zong ah hnupil ai tim hlei lo. Hi bantuk ralṭhatnak a kan petu cu ruahchannak a si, hmual a ngeih zia a langhtertu pakhat zong a si.

A pahnihnak lungput a zawi mi cu, hmailei hi atu nakin a ṭha deuh lai asiloah hmailei ah temtuar harsatnak hi a zor deuh te ko lai ti le, a ṭha deuh mi hmailei ca ah kalnak lam pakhatkhat a um ko lai, ti ruahchih in pumpak ca ah siseh, chungkhar le miphun ca tiang a ṭha ding kan tuah mi kha, a karlak ah dawnkhantu le harsatnak a um ko zong ah lungdong loin hmai fon chin khawhnak le lungthawhnak a kan petu a si. Cu ruahchannak cu a thi mi le a con sawhsawh mi a si lo, a nung mi le a cawlcang mi a si.

Cu a nung mi ruahchannak nih cun:
- Muihnak chung in ceunak ah a kan hruai
- Nun beidongh caan ah thanuamnak
- Zaangbat caan ah thazaang
- Kan ton mi harnak chung ah tizu thlum a kan petu
- Thangchiat soiseltu um tikah hla dawh he awkaa thlum in chawntu hnemtu
- Bawmtu kut a um lo zong ah dawnkhantu vialte pahchih in kalpitu
- Ngaihvantu le hramkautu an um lo zong ah in khawhnak petu
- Forhfialtu le thazaang petu um lo zong ah tinh mi lei ah kalpitu a si caah,
- Ruahchannak nih cun thla (wing) an pek lai.

Khrihfa hla a lar ngai mi "Ka ruahchannak hram a fek" (Ruahchannak Lungpi) hla a phuahtu hi Edward Mote a si. A nu le pa hi zum lotu an si hlei ah, zu le sa zuartu (pub dawr ngeitu) an si. Edward Mote hi a ngakchiat lio tein kutzung thiamnak (lehtama) an cawnter. Kutzung thiamnak a cawnnak in Khrih kong a theih tikah Tottenham Court Road Chapel ah Pastor John Hyatt thawngṭha chim a va ngai i cu ri in zumhfehnak a ngei. Khrih ah hrinṭhannak a ngeih hnu in Khrihfa hlafung 100 fai a ṭial. Pastor kum 20 leng a ṭuan. Ruahchannak Lungpi hla hi rianṭuan a kal pah ah Matthai 7:24-27 chung Jesuh bia "Thetse le lung cung inn sa mi" bianabia kong a ruah lio ah a ṭial mi a si. Jesuh chung ah dah ti lo, a dang cung ah ruahchannak hram bunh ding kan ngei lo a ti. A fawinak in kan chim ahcun, Khrihfa zumhnak zong hi, thih hnu nunnak (life after death) a um ko ti zumhnak le cu nunnak hmuh ding ruahchannak cung ah hram a sih mi a si. Van sunparnak kaltak in vawlei ah thihnak ing ding in Jesuh a ratnak zong kha, ruahchannak ruangah a si. Cu ruahchannak cu zungzal nunnak a si. Zungzal nunnak i ruahchan hlah usih law, Khrihfa zumhnak hi pakpalawng a si hnga. Kanmah lawng kan si lo, biaknak dang hna zong nih an biaknak ning zulh in ruahchannak an ngei dih. Ruahchannak in an biaknak a nung kan ti lai cu! Kanmah le biaknak cio ah siseh, kan thil tuah mi cio ah lu-phum in nun kan pek, caan kan pek, chawva kan pek i, retheih kan i pek khawhnak zong hi, ruahchannak hmual a ṭhawnnak a langhnak a si fawn.

Vawlei nih a philh khawh lo mi Martin Luther King Jr (1929 – 1968), nuhrin covo aupitu pasalṭha roling bia, "Kan tuah mi thil vialte hi ruahchannak lawngte in an si dih," ti kha si. Biaknak mit in cuanh zong ah, vawlei mit in cuanh zong ah, kan tuah mi vialte hi ruahchannak cung ah hram a thla mi lawngte an si. Vawlei cung Bollywood minthang Shad Rukh Khan nih a chim mi cu, "Lungthin dihlak ruahchannak he kal law, nangmah lawng in na kal bal lai lo," a ti bal. Phun dang in kan chim ahcun, ruahchannak ngeih awk ah hawi a herh lo. A pur kho lo mi le a ciam kho lo mi ruahchannak he na chunmang na kalpi ahcun hlawhtlinnak an pek lai. Sinain ruahchannak a reu mi nun cu nun beidonghnak nih an nun a tei hna tikah:

> Zei a hlei lai lo, thil ṭha a cang bal lai lo.
> Ka buaibainak (problems) dihter khawh a si ti lo.
> Ka ca ah lunglawmhnak ni a tlang kho bal lai lo.
> Ka ton mi harnak hi ka tei kho bal lai lo.
> Ṭhancho lam ka panh kho hlei lo, ka nun ai ningcang deuh hlei lo.
> Zeizongza hi ngol ka duh ko cang.
> Ka ca ah zeihmanh ruahchannak a um ti lo.
> Ka hmailei caan hi zeihmanh lo an si.
> Ka ca ah a tlai tuk cang.
> Zeihmanh ka tuah khawh ding a um ti lo, tbk., lawng an hmurka in chuak.

Hi bantukin ruahchannak ngei loin nun beidonghnak nih a tei hna tikah, pumpak nun zoh niamnak siseh, pawngkam ṭhatnak hmuh khawhlonak le vawlei hmuh ning tiang a hnursuan khawh. Chunglei nun ah ṭemṭawntu an ngeih cang caah zaang uai in an um. Cutikah an rak huam tawn mi lentecelhnak, an rak tlaihchan tawn mi cawlcanghnak le hawinu/pa hna hmanh nih an nuamhpi kho ti hna lo. Santlaihnak ngei lo ka si, ti/tuah khawh mi ka ngei lo, hlawt mi ka si, namneh le hmuhsip mi ka si ti mi ruahnak an ngei i, cu nun beidonghnak nun nih ziaza zong a thlen i thil ṭha hmuh khawhnak mit a phenh hna. Hmailei fon duhnak lungput le thazaang a pek khawh ti lo hnu cun, mah le mah fahnak i pek in nun i laknak (suicide) tiang a cang kho. World Health Organization (WHO) nih a langhter ning bang ahcun, vawlei cung ah kum fatin minung 800,000 fai mah le mah nun i laknak in an thi i, second 40 ah minung 1 lengmang an thi; cucaah 2019 chung ah minung nih i thihpi mi zawtnak phun ah a 17th nak ah a um a ti. Hi vialte minung, mah le mah nun lak in a thi mi hna hi ruahchannak reu ruangah a thi mi tam deuh an si hna ti si. Ruahchannak ngeih lo hi, zatlang nun ca zong ah ṭihnung a rak si. US ram chung sianginn le biakinn le zalam cung tibantuk meithal in kahthah a tamnak khi, a zalen mi ram a si caah duh poh in meithal an i cawk khawh caah a si lem lo, nun beidonghnak nih sal ah a rak tlaih mi hna ruangah a si deuh. Chungkhar ah nupi vuak le buaibainak siseh, rithai-sii hman le zuu le sa he kan i ciah i buaibainak kan siam lengmang mi zong hi, nun beidonghnak a langhnak phun khat a si. Zeicahtiah, ruahchannak ngei loin nun bei a dongh tikah, lungretheih le thinhun hna hi a fawi deuh i, cu philh khawh nakding ah tiah zuu le sa siloah rithai-sii phun kan hman hna. A donghnak thil cang cu, chungkhar kehkuainak, thinlung damlonak (mental illness) in thihnak tiang a si. Hi bantuk zawtnak a dam khawh nakding le kan phalh khawh nakding ah, pakhat le pakhat thazaang i peknak, forhfial le tawdomhnak in ruahchannak ram ah i hruai hi kan dihlak rian a si.

Kum Thar biathlehnak (New Year's Resolution) a thawktu Babylon nunphung le Roman miphun nunphung zoh tikah, ruahchannak thar he nun khuallam peh ding timhtuahnak an ngeih ning cu kum thar biathlehnak an tuah mi nih a langhter. 2000 B.C lio hrawng ah Babylonian miphun nih an sunhsak ngai mi Akitu ti mi nizarh 12 ulh in tuah mi puai an ngei. Hi caan hi thlai thlak caan, le siangpahrang thar luchin chinh caan a si tawn siloah Pentu siangpahrang sin ah zumhtlak in riantuan ding biahren caan a si. Cun an pathian sin ah thilri na kan hlanh mi vialte le pek awk hnga na si mi kan leiba vialte kan in pek dih lai, kan in khirh dih lai, tiah biakam nenh in thlacam tiphul caan a si. Anih (Babylonians) zumh ning ah cun, an biakam bangin an nun ahcun an pathian lung a tluang i, tluang le nuam in kum an chuak; sinain biakam an buar ahcun chiatnak phun zakip nih a kan phak, an ti. Chan a hung kal deuh i Roman miphun nih vawlei chak an tlaih tikah Roman Emperor Julius Caesar nih 46 B.C ah nithla rel thar a hun chuah. Tangkhawng 1 (January) cu kum rel thawknak siseh, ti a hung si. Innka le kutka hngak pathian an ti mi lu hnih phir Junas upatnak le sunlawihnak ni ah an hun chiah. Lu hnih phir nih a sawh mi cu, nun hlun zohchih in hmailei cuanh ti khi si. Phun dang in kan chim ahcun, kum hlun, nun hlun ah tuah mi kha nun chimtu ah hmangin kum thar ah nun ning thar le ruahchannak thar he karhlan ti khi si. Cucaah kum thar fatin nunzia mawi in nun an thiam nakhnga Junas sin raithawi pekchanhnak he thlacam tiphul an tuah tawn.

Anmah (Babylonians le Romans) lawng an si lo. Kanmah Lai miphun zong pipu chan ah khuahrum sin thlacam tiphul in ruahchannak thar he kum thar thluachuah a hal mi kan rak si. Nihin tiang kan tuah lengmang mi THO hi hlan pipu chan ah kum thar lawmhnak he khuahram thahdah puai a si ti khawh a si. THO cu Laimi kan Kum Thar a si. Thlai an thlak mi theipar an zun tikah thlai an thlak lio ah pek ding raithawinak biakam an tuah mi si kan ti hnga cu. Zeitintiah, lo an tlak lai ah ram nam an ti; Lo siachunh an ti; sahring thah an ti; rawl hring khen an ti; buk bawl an ti etc., a phunphun in thlacam tiphul he thawi pekchanhnak an rak tuah. Lopil an nam hlan in siseh, thlai an thlak hlan le theipar an zun lai tiang thawi an pekchanh. Kum an hung vui, kum an hung thar tikah kumpi kum khat chung an thlawhṭuannak ah lunun ngandam a petu hna, thlaikheo a petu hna, zu le va sin in siseh, ti le thli ral in a phenhaipiaktu hna cung ah lunglawmh chimnak le ruahchannak thar he kum thar ca thluachuah hamhalnak ca ah THO hi an tuah. A tawinak in kan chim ahcun, kum thar chung ah ruahchannak thar he, nun hlun zohchih in kar hlan timh khi a si. Kan hman cia kum nakin ṭhachin kan rel deuh lai, thluachuah kan hmu deuh lai, ti mi ruahchannak he anmah nakin a ṭhawng deuh le thil ti kho deuh ah an ruah mi hna (an pathian) an fuh hna khi a si.

Nihin ah kan in nuamhpi mi, kan i hnangampi mi vawlei thilri vialte hna hi ruahchannak nganpi he mihlawhtling hna tuahsernak an si. Vawlei nih a philh khawh lo mi Martin Luther King Jr (1929 – 1968), nuhrin covo aupitu pasalṭha nih 28 August 1963 ah Abraham Lincoln Memorial, Washington D.C., minung sing 2 hmaika ah, Mang Ka Ngei tlangtaar in miphun tlukruannak, nuhrin covo ah tlukruannak a aupi lio a bia roling cu, "Kan tuah mi thil vialte hi ruahchannak lawngte in an si dih," ti kha si. Biaknak mit in cuanh zong ah, vawlei mit in cuanh zong ah, kan tuah mi vialte hi ruahchannak cung ah hram a thla mi lawngte an si. Vawlei cung Bollywood minthang Shad Rukh Khan nih a chim mi cu, "Lungthin dihlak ruahchannak he kal law, nangmah lawng in na kal bal lai lo," a ti. Ruahchannak kan herh dih. Pastor Lian Chawn nih "Ruahchannak Hmual" a cauk ah a telh mi cu, "Minung tampi nih an i fian lo mi pakhat a um. Lunglawmhnak i a ralchanh hi ngaihchiatnak a si lo-thinhunnak zong a si lo. Ngaihchiatnak le thinhunnak nih cun thil pakhatkhat biapi ah kan ruah rihnak, kan siaherh rihnak le kan tlaihchan rihnak a langhter- ka caah san a tlai kho rih ti mi ruahchannak lila a ngeihter. A taktak ahcun lunglawmhnak i a ralchanh cu ruahchannak a reu i a um ti lo khi a si," a ti. Ruahchannak ngeih ti lo cu zeizong vialte hlawt le hnuchit he ai khat.

1900, US ram, Alabama pengkulh hrawng ah vunraang le vunnak kar thleidannak fak tuk in an rak dirpi i, mawṭaw (bus) chung hmanh ah "Vunraang ṭhutnak" ti mi cakhenh in nun hman a rak si lio ah, Civil Right Movement (CRM) in ruahchannak thar he ṭihnak ngei lo in a rak cawlcang mi minak nu Rosa Parks tuahsernak kha ruat hmanh- A umnak pengkulh khualipi Montgomert ah Cleveland Avenue Bus, 1 December 1955 ah a rak i cit. Bus mawngtu James F. Blake ti mi pa nih vunnak si ṭung i vunraang ṭhutnak i ṭhut cu, tiah hro le cer bu he awka hrang ngai khin a hei caak. Rosa Parks nih covo ka ngei ti mi lungput he ralṭha tein a dir i a ṭhutnak aa ṭhial duh ve hlei lo. Cutikah vunraang pawl, mawṭawka mawngtu pawl le palik karlak ah ti'n buaibainak a chuak. Minak ngaknu Rosa Parks cu an tlaih nain Rosa Parks hnulei ah ralṭhatnak he a dirkamhtu vunnak pawl an hung chuak luaimai. Buainak a linsa chin lengmang i US Supreme Court tiang a phan. A hnu ah cun a hlawhtling i US Presisent Bill Clinton nih 1996 ah Medal of Freedom a rak pekphah. A tawinak in kan chim ahcun, Rosa Parks siseh, Martin Luther King siseh, anmah minak miphun nih vunraang sin in an temtuar mi thlanglamhnak, nehsawhnak le hmuhsipnak vialte a dikcak lo ti hngal bu in le, minung vialte hi covo tlukruannak a ngei mi kan si dahkaw ti mi lungput le ruahnak he, hmailei ah miphun kar thleidannak, cuar muici dan ruang thleidannak, nunphung dan ruang thleidannak tbk hrawh i, tlukruang tein hmunkhatte ah tlonlen le khuasakṭi ding kha Civil Right Movement in an cawlcangh lio ah an i ruahchan bik mi a si. An i ruahchan mi nih a deuh hna lo, an kalpi chih. Ruahchannak cu a pur kho lo i a ciamh khawh lo tikah hlawhtlinnak a pek hna i, nihin ah kan i lawmhpi mi le hnangampi mi Civil Rights ah a cang.

Ruahchannak fek he tuah mi thil ah lungsaunak nih theipar ṭha a chuahpi. Zeicahtiah ruahchannak i a non ṭha bik cu lungsaunak a si. Lungsaunak ngeih lo ahcun ruahchannak ram phak a fawi tawn lo. Caanchia, harsatnak le temtuarnak zanmui chung um lio ah thaizing khua a dei te ko lai ti ruahchan ngam a hau. Nihin ah kan thlak mi mitthli hi thaizing ah a hul lai te lai, a tla zungzal lai tinak a si lo i, nihin kan i lawmhpi mi hi thaizing mitthli ca an si kho ti ruahchih a hau. Zeicahtiah chiatserh mi vawlei ah a tlongleng mi kan si i harsatnak, temtuarnak, zawtfahnak, lungretheihnak le awlokchonnak thlitu lak ah khuasa kan si. Rev. George Matthew nih, "Lawmhnak nih khuallian bang chungkhar a kan tlun lio ah, ngaihchiatnak nih cun chuakkhat unau bangin a kan caamhnawh a ti," bang muihnak chum-nak nih khuh mi chung ah thaw-ip ngai in caan hmang kan tampi ko lai. Kanmah le ton mi harnak cio khap tah in a fak bikin kan ruah cio fawn ko lai. Nain ruahchannak hi muihnak chung a um hnu lawng ah a ceu ti si.

Vawlei ralpi pahnihnak lio ah Auschwitz min chim ahcun hmulthi a ling ti si. German ralkap Nazi pawl nih sak mi thonginn, miruak hmanh hlonh cawklo in ai ponnak, nganfah hrumai thawng nih khaan zeimawzat tiang a tlirh khawhnak mithlakok a barnak hmun a si. Hi Auschwitz thonginn hi a tlangpi in pathum a um. Auschwitz I hi 1940 sak a rak si i, Auschwitz II hi 1941 le Auschwitz III hi 1943 ah an sak hna. Camp I hi tlanglawng lam 44 tonnak zawn a si i, hi tlanglawng hna hmang in Europe ram chung Jews miphun pawl an rak chek hna i, million bak in Adolf Hitler nih a rak thah hna kha si. Nifatin miruak a thong lengkai peng an um. Europe ram, Poland kulhchung um a si i, anmah Poland mi (Polish) zong a thongthong in an rak tlaknak a si. Ral biatakte a hung thawh tikah Poland cu an rialdip hna. Nazi ralkap nih nithlailei in an luhhnawh hna i, Soviet nih nichuahlei in. Miṭhawngṭhal ti mi ralkap nih karceh in an tuk hna tikah Poland ram cu ṭhaal lio meikaang tlaan bang an lak duahmah ko. Pastor Lian Chawn nih cun, "Sobul le solung karlak ah Poland ai tenh," a ti. Poland nih ram le miphun humhaknak ral an tuk lio ah a ni le zan in minung nuai 1 an tlau. Cutluk nganfah an tuar lio, nichuah le nitlak in ral nih an karceh hna lio ah Witold Pilecki ti mi pa, raltuknak lei ah minṭhatnak phun kip a rak hmu cang mi Polish pa a um. Pilecki hi raltuk a thiam lawng si lo, a ral zong ṭha, pin ah ram le miphun dawtnak thisa a ngei. Miphun le ram humhimnak ral a si mi poh a chanchung ah a tu peng. Germany zong a doh. Soviet zong a doh hna. A tei hna le tei hna lo kha a buai ve lo, a miphun ral an si caah a doh hna. A tei hna lo, a sung nain a ruahchannak a reu lo. Lam a kawl ṭhan. Poland Thlithup

Ralkap a dirhpi hna i German an doh. 1940 ah a miphun (Polish) chungin hruaitu ṭhaṭha, bochan mi tampi le ralbawi ṭhaṭha hna an hung tlau thluahmah. Poland thlanglei Brzezinka khua kam ah Germany ralkap pawl nih mangtara lian mi thonginn an sak ti thawng an hun theih tikah an lunghring colh.

Auschwitz Thonginn Mui Chungin Ruahchannak Ni Ceu

Chim porhlote, Auschwitz thonginn cu khuapi hme deuh tluk ngaw hrim a si ko lai. Polish an temtuar tuk cang. Mangang in an um. Kan temtuar tuk ne ti'n tlikzam awk le ṭha fawn hlah. Soviet nih nitlak lei ah, Gernmany nih nichuahlei in an rialdip hna tikah chuahnak lam an ngei ti lo. Anmah Polish ralkap thazaang nih a zor chin lengmang fawn. Cucaah an ral hna tei khawh nakding ah an ral a si mi sin ah meiṭil senlin chung sapherh paih tlukin ṭih a nung tuk mi le mithlakok a baarnak Auschwitz thonginn ah i paih hau, tiah Pilecki nih a hawile sin ah a chim. An lu an lei, ahohmanh nih an ngamh lo. An ram mi temtuarnak phen ah hna lawng nih a theih i mit nih a hmuh lo mi German tuahtonak chiahru an hmu kho fawn lo. Zeiti chim awk le tuah awk hngalh lo ah Pilecki cu German i tlaihter hramhram in Auschwitz thonginn tla ding biachahnak a ngei. Pilecki nih ai tinh mi cu, thong va tlak i thongtla Poland ralkap pawl kha a thli in ka khawmhsuat hna lai i, thonginn chung in raldohnak kan tuah lai, luatnak lam kan ser lai, ti khi si. Nazi ralkap ser mi thonginn ah i timh ciammam in a tla huam le a tla ngam mi cu vawleicung tuanbia ah Pilecki lawng hi a si ko lai dah! Auschwitz thonginn a phan. A rak i ruah bantuk a si lo. A rak ruah bantuk let tam tukin thonginn chung dirhmun a chiakha. Thongtla pawl cu ruang ngei lo in an thah men hna. Artlang in an dirter hna i ruang tein a dir lo mi an thah hna. Kut le ke dai tein a chia lo mi an thah hna. Ding tein a dir lo mi an thah hna. An ṭuanter mi hna rian le rianharsa taktak. Dinh caan an ngei lo. Sullam a ngei lo mi le ṭhathnemnak a chuahpi lo ding rian khi an ṭuanter hna. An thih hlanlo cuticun an serhsat hna i an hrem men ko hna. Pilecki cu Auschwitz thong a tlak thlakhat chung ah a thongtlaknak khaan chung i a tla ve mi cheuthum cheuhnih an thi manh. An thabat tuk ruang ah a zaw i a thi mi an um bantukin, meithal in an kah hna ruang ah a thi mi zong an um. Cutluk i a chiakha mi le mithlakok a baar mi thonginn chung cun Pileeki nih thonginn chung ah thlithup ralkap a ser khawh ko.

1940 kum a liam hlan ah, thonginn chung thlithup ralkap cu thazaang ṭhawng ngai in a ser khawh—mimak a si. Pilecki ti mipa khuaruahhar minung i a rianṭuan le a thil tuah hi zumh khawh ding hmanh a har lei. Thilsuknak bawm chung ah catlap pawl thup in thonginn chung ah zeitindah a hawile pawl thawngpang a pek khawh hna? A fir mi datkhe pawl le thilri bultan tete fonhtonh in zeitindah Warsaw khua ah a um mi Poland Thlithup Ralkap sin ah thawngpang a thanh khawh? Thonginn chung ah eidin tirawl, sii-ai le thilpuan zeitindah a fir i a luhpi khawh? Ruahchannak tidor dorkhat hmanh um loin a reu i a rocarnak thonginn, a min hun chim ah ningṭih a hruai mi Auschwitz thonginn ah minung nunnak zeitindah a khamh i, ruahchannak a ngeihter hna? Khuaruahhar a si! Kum hnih chung ah Pilecki nih Auschwitz thonginn chung ah dohthlennak ralkap a thlithup in a dirh khawh i ṭhawng ngai in a sersiam khawh ko. Thonginn ralkap chung ah cun anmah le an rank tete in an um dih. Thawnghlattu le thawngthanh ralkap an um. Thilri luhchuahnak lam a ngiathlaitu an um. Thonginn lenglei he i pehtlaih ning kong ah a tawlreltu an um. Cutlukin an sersiam khawh ko nain, Nazi ralkap pawl nih an hngal hrimhrim hna lo. Pilecki i biapi bik a hmuitinh cu thonginn chung hrimhrim hin ralthawh i dohthlennak tuah a si. Lenglei in kan hawile nih an kan bawmh ahcun thong chung hrimhrim in kahdohnak kan tuah khawh lai, tiah ai ruahchan. Cuti ai timh mi vialte cu Pilecki nih Warsaw ah a thli in thawng a thanh. Cuticun caan ṭha caanrem a hngak.

Caan ṭha caanrem a hngah cuahmah lio ah Judah miphun thonginn ah an hun kuat hna. A hramthawk ahcun Bus mawṭaw khatkhat in an ra. A dih lo, a hnu cun tlanglawng khatkhat in thingtum ngalh in minung cu an hun ngalh thluahmah hna. A hung phan thar Judah mi pawl nih zeihmanh ngeih mi an ngei lo. Tikholhnak tiah min an khenh nain, sivai dawpter in mithahnak khaan ah Judah mi cu an luhter hna i sivai khu an dawpter hna, a bubu in an thah hna. An ruak cu a ponpon in mei in an khangh hna. Mikhanghnak meikhu chuahnak in a chuak mi meikhu cu a rimchiatpi he tuksapur in mithlakok a bar. Cuti thil sining ruang ah, Pilecki nih lenglei ah thawng a thanh mi simanking cu an suaisam ning in a kal kho ti lo. Thonginn chung ah nichiar minung a thong in thah an si. An thah mi a tam deuh cu Judah mi an si. A thi mi fonh dih ahcun a nuai in an tling lai. Auschwitz thonginn tuk le kah ding in Pilecki nih Poland Thlithup Ralkap sin ah zaangfah a hal hna. Thonginn ningpi in nan kah le nan tuk khawh lo hmanh ah sivai in mithahnak khaan pawl tal ah cun bomb kan thlakpiak u, tiah a nawl hna. Poland Thlithup Ralkap pawl nih Pilecki i a nawlnak hna ca le thawngthanh cu an theih i an hmuh ko. Asinain zeihmanh an tuah hlei lo, a hleihluat in a chim mi a si. A chim tluk hin cun a chiakha bal lai lo, a si kho lo, an ti huar. Nazi uknak tang i thonginn pawl cu hell ram bantuk a si kong vawleipi sin ah thawng a thanh hmasa bik cu Pilecki a si. Poland Thlithup Ralkap sin lawng ah a si lo, Britain ah ai dup mi Poland Acozah sin tiang in thawng a thanh dih. Cu lawng a si lo, London ah a um mi thlithup rianṭuanṭi an hawile sin tiang a phan. A hnu bik ahcun Winston Churchill kut cung tiang in a thawngthanh mi a phan. Asinain a thawngthanh a thei mi dihlak nih Pilecki nih a herh lo tiang in a hleihluat in thawng a kan thanh tiah an ruah dih.

1943 a phak tikah Pilecki nih ai timh mi vialte a lung a ṭhumh. Ai ruahchan mi dohthlennak, thonginn bauh in zaamnak le thonginn chung raldohnak cu zeiti hmanh in a si kho lai lo ti a hngalh. Poland Thlithup Ralkap zong nih an kan chanh lai lo i American ralkap zong nih an kan bawm lai lo. Mirang ralkap zong an phan lai lo. A ra ding cu a kan tlaitu Soviet ralkap lawng an si. Soviet ralkap an phak ahcun Nazi nakhmanh in an chiakha deuh lai. Cucaah thonginn chung ah um peng awk ka ṭha lo, ka zaam ah a ṭha lai, tiah Pilecki nih biachahnak a tuah. Pilecki ca ah thonginn in a thli in zaam cu a fawite ko. Ai zawtter lai. Sizung i an chiah mi siibawi nih an zoh lai i rian a ṭuannak hmun a hlen hna lai. Changreu an ser tawnnak zung ah zan ah rian ka ṭuan, tiah a ti hna lai. Changreu an sernak hmun cu Auschwitz thonginn i a hriang bik, tiva kam ah a si. Sizung a chuah in changreu sernak ah kal colh. Zan suimilan 2 tiang rian an ṭuan. Cu hnu ah, a thli in Telephone hri chah, inn hnulei kutka tawhhrenh lo. A fir mi thilpuan i hruk in zaam. Hnulei in meithal an kahnak kuanfang pawl hrial. Tiva lei ah mengkhat hrawng tlik. Van arfi zoh in lam kawl i khuapi lei lam zulh. A luat!

Pilecki tuanbia le konglam nihhin kan ca ah thazaang ṭhawnnak tampi a kan pek. Ruahchannak a kan ngeihter. Ruahchannak a ṭhawnzia a langhter. "Anmah chan lio dirhmun hmanh ah Pilecki nih thonginn chung ah ruahchannak he thil lianngan a tuah khawh." Kannih teh zeidah kan i ruahchan lai i a ngan mi thil zeidah kan tuah lai? Pilecki bantuk miṭaltha nih vawlei khamhnak rian an rak i khinh lio ah kannih Laimi teh, biasiphai lawng maw kan rianh peng lai? Pilecki konglam rel tikah zeitluk pa ralṭha dah a si ti cu na tem khawh ko lai. A taktak ahcun ralṭhatnak kan ti mi cu ruahchannak dorkhat hmanh a um ti lonak hmun, lungdonghnak lawngte in a khahnak hmun zong i ruahchannak thazaang ngeih khawh khi a si. Hika hmun nakin a ṭha deuh mi hmun a um ti mi ruahchannak midang a pek khawh mi hna khi a si. Kan thinlung lawng ah a um mi hmun nuam i ruahchan khi a si lo. A um le um lo zong hngalh lo mi nun in vawlei thar i ruahchan khawh nun khi a si. Atu kan dohthlennak zong hi "ruahchannak" theipar nih a kan tlaih. Kan inn le lo a ciam ning, kan fanu le fapa hna thisen chuak a tam cang ning. Ruahchannak ngei hlah sihlaw, hi tluk kan temtuar fah cang hi kan i hne kho ti hnga lo. Pilecki zong raltuk, cihmih ral le hremnak phunzakip a tuar, a hmuh, a tem, nain a ruahchannak a dong lo, a thi lo, a mit lo. A ram pumpi a sung. A hawikom le a rualchan an um ti lo. Amah a nunnak hmanh a sung deng taktak ko nain ai tlaih mi hri pakhat te cu ruahchannak a si. A kut in thlah lo tein ai hum peng.

Ral a dih in Poland ram Soviet kuttang a tlak ṭhan tikah Poland zalonnak hmuh ding ruahchannak he a cawlcang i mei a kau ṭhan. A fanu le a fapa, hmailei an ram dai le rem tein khua an sak khawh te ding ruahchan in a cawlcang. Minung nunnak hi tawite sauh khawh ding a si ko ahcun khamh a duh, bawmhchanh a duh.

Ral a dih in Pilecki cu Warsaw ah a tlung. Thilthup mingia (Spy) rian a ṭuan. Atu ahcun Nazi pawl hlathlai rian a si ti lo. Communist uknak kha a thlithup in a hlathlai. Poland acozah i thimnak kong ah an hnulei hritlaitu cu Soviet pawl an si, ti kha Pilecki nih a hngalh. Nitlak lei ram sin ah hi thawngpang a pe hmasa bik cu Pileeki a si. Asinain. Pilecki zong ai rungveng kho cawk lo. An tlaih. An tlaih hlan ah Italy lei ah zaam ding in an chimh. Nain a duh lo. Poland ram mi ka si caah Poland ram ah ka nunnak liam seh, tiah biakhiahnak a tuah. A zalong mi Poland ram ser khawh ding ruahchannak ruang te ah Pilecki cu a temtuar hringhran ko. Cu ruahchannak ngei hlah sehlaw Pilecki cu mi sawhsawh a si ko hnga. Ai ruahchan mi a ram ca rian a ṭuan cuahmah lio 1947 ah Communist pawl nih Pilecki cu an tlaih. An tlaih cangka in an hrem colh. Kum khat chung a phunphun in an hrem. Pilecki nih an hremnak kong he pehtlai in a nupi sin ah hitin a chim. "Auschwitz thonginn i kan rak temtuarnak kha cu atu Communist pawl hremnak he tahchunh ahcun chimtlak a si lo," tiah. Zeitluk an hrem hmanh ah Poland ram thangchiatnak bia ka-khat hmanh a chim lo. A hnu cun, Communist pawl zong Pilekci hrem an vuai cang—an tha lawng a ba men. Hremnak le taksa temtuar fahnak peknak ruang men in Pilecki nih a ram mi sinak zuar le a phunhawi leirawi ai tim bal lo. Zeiti kan hrem hmanh ah zei bia hmanh a chim lai lo ti an hngalh. Cucaah 1948 ah zung an chuahpi i a sualnak phun tampi in bia an ceih. A hnu thla khat a rauh ah Pilecki cu a sualnak hmuh a si ko tiin thah ding ah bia an chah. Thah ding in bia an chah ni ah Pileeki cu biachimnak an pek i hitin a chim. "Poland ram le miphun ca ah zumhtlak ka si peng. Poland ram le miphun cu kaakhatte zong harnak ka pe bal lo. Cucaah i ngaichih awk zeihmanh ka ngei lo," a ti, an ti (hi cabia hi Pastor Lian Chawn nih "Ruahchannak Hmual" cauk ah a ṭial mi chungin lak mi a si).

A Mui Mi N. Korea in Ruahchannak Niceu Ram Ah

North Korea hi 1948 ah dirh mi a si. British uknak chungin Kawlram luatnak hmuh kum ceo ah a si kan ti hnga cu! DPRK (Democratic People's Republic of Korea) in ram an i hruai nain mithi an pu nih a hruai hna an ti (cucu Necrocracy ukhruainak in an kal an ti lengmang mi hna kha si). Mithi-pa hruainak in aa ukhruai mi cu anmah lawng an si. An ram dirhtu Kim II-sung kha zungzal in DPRK uktu siseh (Eternal Leader), tiah biakam nenh in rak thanh a si caah mithi-pa ukhruainak in an kal kan ti hnga? Cucaah amah (tleicia Kim II-sung) hnu ram ukhruaitu poh zungzal hruaitu (Eternal Leader) an si kho ti lo, Supreme Leader lawng an si kho. Supreme Leader cu Worker's Party haotu le Ralkap bawizik a si lai nain, N. Korea president sinak (status) a ngei kho lai lo. Ram hmete a si nain, Siangpahrang ukhruainak (kingship) bantukin ramuk nawlngeihnak roconak phung in an i ukhruai tikah, atulio ukhruaitu Kim Jong-un hi a pathumnak a si. Ram dirhtu Kim II-sung a thih hnu ah, a fapa Kim Jong II nih 1945-2011 tiang a hruai hna. 2011 in Kim Jong-un nih a hruai hna i atu tiang. Hi hna chungkhar nih ram an hruai chung ah zeitlukin dah ram a rawk i ram mi ṭamhaal in an um ti cu an ram mi hna ṭial mi cauk le tuanbia in hmuh khawh a si. Thil mak ngai a si rih mi cu, vawlei cung ram dang nih tuah bal lo mi phung le phai a ngeih mi hi a si. Cu bantuk phungphai a ngeih mi tampi lak ah tlawmpal ka van com:

Thimnak: Rampi thimnak ah kum 17 a ti cang nih thimfung thlak ding. Sinain thimfung thlatu nih duhthimnak nawl an ngei lo. Duh ah Cepa, duhlo zong ah Cepa phung in, an Haotu (leader) kha thimfung pek hrimhrim ding.

Ralkap Tlak Hrimhrim Ding: Vawlei cung cheukhat ram zong nih ram le miphun humhimnak cu ramchung mi dihlak kut ah a um an ti cio. Cucaah cheukhat ram Isreal, Eritrea, Libya, Malaysia, North Korea, Peru le Tunisia tibantuk ram hna ahcun "nu" zong ralkap ṭuan "hrimhrim" ding phungphai nih a nenh hna. Anmah lakah N. Korea bantukin ralkap ṭuan caan sau rikhiahpiak mi an um lo. Naite phung an thlen hlan ah, pa kum 18 a ti mi cu kum 13 chung ralkap a ṭuan hrimhrim lai ti si. 2003 hnu ceo in kum 10 ah an van ṭhumh. Nu cu High School an dih bakin kum 23 an ti tiang ralkap ṭuan ding ti si.

Ramdang Mi Nih N. Korea Tangka Hman Ngah lo: N. Korea ramchung khualtlawn i timh ahcun tangka thlencia lo ah a ṭha an ti. Zeicahtiah, anmah (N. Korea) ramchung ah an tangka hman khawh a si lo. Cucaah S. Korea Won, US Dollar, Yuan le Euro tbk hi ramdang mi (foreigners) nih N. Korean ram chung ah hman an hau.

Buaktlak Thlahlawh: Hawi dang ram nih duhtawk in Radio, Internet le Television hna an hman khawh lio ah N. Korea ah cun a ngah lo. Ram mi nih buaktlak in an hmuh mi thlahlawh hi USD 5 tlukceo a si an ti. An hmuh mi le ei mi aa mil lo tikah buhrit rawlṭaam zawtnak ngei an tawr. Zarh khat ah ni 6 rianṭuan hrimhrim ding a si, ni sarihnak ni cu zatlang ca ah tlangrian (voluntary in) ṭuan a si. Dinh mui an hmu lo ti khawh a si.

Lusam meh phun: N. Korea ah cun mah duhsalam in lusam meh phun thlen khawh a si lo. Acozah nih lusam meh phun 28 a cohlan mi a um i, nu ca ah phun 18, pa ca ah phun 10; cu chungin pakhatkhat i thimnak nawl an ngei. Nupi ngeilo nu cu a sam tawi lai ti si fawn. Lusam meh phun a tuah mi ah amah (Kim Jong-un) lusam meh phun a telh lo, zeicahtiah hawi ngeih lo le tuah lo a duh. Ahohmanh nih amah bantukin lusam meh an ngamh lo ti si.

Chan Thum Dantatnak: Annih ram ahcun mi pakhatkhat nih rampi phung pakhatkhat a buar sual ahcun nawlbuartu lawng nih dantatnak a ing lo, a chungkhar ningpi in chan thum tiang dantat an ing. Sual man thongtla biakhiahpiak a si ahcun a chungkhar ningpi in, a nu le pa, a pi le pu tiangin thongthlak an si ve. Hihi N. Korea ramchung nuhrin covo buarnak fak bik pakhat ah aa tel ti si.

Laptop Cawknak Nawl: N. Korea ah Laptop man a fah lo lawngin cawk zong a har. Laptop pakhat cawk duh ah Acozah sin ah sok a hau. Cozah nih cawknak nawl a pek (approved) hnu lawng ah cawk khawh a si. Iphone zong hman ngah lo an ti.

Websites Hmannak: An ramchung ah ramdang nih thlak mi Movies zoh a ngah lo, hla zong ngaih (listening music) khawh a si lo. Cun maivan hmangin mah duh mi poh khoihvirh khawh a si lo. Websites hmanh hi 28 lawng hmannak nawl an pek hna. Cun TV Channels hi 3 lawng zoh khawh a si.

Ramleng Chawnhbiak: N. Korean nih ramlenglei pehtlaih (international phone calls) khawh a si lo. Ramlenglei na chawnhbiak theih ahcun thihnak tiang phan dantat khawh a si.

Biaknak A Him Lo: Biaknak kong cu chim hau lo, biaknak a him lo. Pathian a um lo ti a pom mi (atheist) an si i, anmah pom mi pin ah biaknak dang a ngei mi cu hrem an si.

Vandum Muici Jeans: Kim Jong-un nih vandum muici Jeans (Blue Jeans) cu US mihipnak a si, tiah a ruah caah a ramchung ah hrukaih khawh a si lo.

Rawl Lumnak (Microwave): Electric meitha a der tuk caah zan fatin mei a mit peng. Cucaah rawl lumnak (microwave) ngeih cu phunglutlo (illegal) a si.

Ramuk Chungkhar Soisel Chiat: Ramuktu chungkhar kong ah hmurcip a hau. An riantuannak lungtlin lo zong ah, an tuahserhnak lungtlin lo zong ah soisel chiat a si. Soiselnak siloah thangchiatnak biaka chim sual ahcun a fak bik dantatnak pek khawh a si.

Sianginn Thutdan le Cabuai: Fale sianginn kainak ah hman awk thutdan le cabuai man vialte siangngakchia nih aa pek hrimhrim lai.

Khualipi Umnak: Kim Jong-un nih a ram khualipi Pyongyang hi mirum, milian le thiamsang hna lawng nih umhnawh hna seh ti a duh. Cucaah an khualipi ah ṭhialkam a duh mi poh nih ṭhialnak nawl sok a hau.

Mah tlukin za a long lo mi N. Korea ram ah Yeonmi Park ti mi nute, 4 October 1993 ah a chuak. An ram ṭhat lo ruangah tleirawl a si lio, 2007 ah Tuluk ah hringtu a nu he an zam. N. Korea an um lio nakin a chiakha deuh mi harnak Tuluk ah a ton, 2009 ah S. Korea ah a lan. Cu hnu 2014 ah US a phan. N. Korea in a zam lio ah minung zuartu (human traffickers) kut in zei tluk chiakha nun a temtuar chim ka duh. North Korea an um lio ah Yeon-Mi chungkhar nun cu muihnak in a khat. Ram chiakha nih a chuahpi mi ṭaamhaalnak hlei ah, chungkhar ṭuankawlnak ah zawttlak an ton tikah an khuasak tintuk a zualhma. Harsat hlei ah za a long lo mi ram, duhthimnak ngeihlonak ram ah an fanu Eunmi nih an theihlo kar ah a tlautak hna. Cangsivang mi vanhai le lungrethei in an um lio ah Tuluk ah a kal ti an theih. Thong ah thih bawh in a um mi an pa, zeitik a chuah lai hngalh a si lo nun zoh ah tuk a sum. Hringtu nu ṭuankawl mi lawng an i eikhim ti loh. Rawl lo in an um caan a tlawm ti lo. Harsat hnu ah cun kan nun aa sersiam deuh hnga maw, kan sican aa ning deuh hnga maw ti mi hmun fuhpanh a hau. Mit in hmuh bal lo ram, hnatheihnak in theih sawh mi ram Tuluk cu ramri tiva tlang khin an hei cuan. Lamkam hmanh ah duhduh mama in ei awk a um le fenhaih thilpuan a tamzia an hmuh tikah dakdak in an or a fok. N. Korea ah an chungkhar harsatnak vialte philh in Tuluk ram ah nun nuam in kan nung lai an ti. N. Korea phung ah ram mi sinak ngei (citizen) nih ram chuahtak lo ding ti a um. Hmuh ahcun thah bak a si. Cucaah ther le phang ngai cun ram an chuahtak.

Phak an duh tuk mi ram Tuluk ram an van luh cu an i ruah bantukin thil a cang ti lo, minung zuartu (human trafikkers) kut an phan. Taksa in an pamhhmaih (sex tuahpi) hna hnu ah adang sin ah zuar an si. Tuluk ram an phak ah kum 13 lawng a si fawn tikah a fanu ai ah a nu nih nupa sinak vialte a tuar. A nu cu $65 ah an zuar. Yeon-mi cu $2,000 ah zuar a si. Cuticun minung zuartu nih voi tampi an zuar hna i an nufa i hmu tong kho lo in theih bal lo mipa hlawhhlangnu ah an cang. Tuluk ram ah an i ruahchan mi nun an hmuh hlei lo tikah S. Korea luhnak an hlat. Vanṭhat ah Khrihfa mi sin in bawmhnak an hmu i, S. Korea ah an kal. An lamthluan vialte kong cu In Order to Live: A North Korean Girl's Journey to Freedom tiah a ṭial. Park nih, "Hi ka cauk nih vawlei cung a muihnak bik hmun pakhat ah ceunak a tlaanter ding kai ruahchan," a ti. Park te an temtuarnak le an nun a muih tuk mi lakah hrelh awk ṭha lo muichia le ningzak thil pakhat—Tuluk ramri hmun pakhat i an rak um lio an nun himnak ca ah an rak tuahter mi hna pakhat cu Online in nupa sualnak diriamhnak pek a si. Chatting ah an lut— anmah he ai chawn ding pa (Chat Partner) he muilang in bia i ruah— a chawntu hna pa nih a duh ning poh in nupa sualnak he pehtlai in bia a ruah hna, bia a hal mi hna kha nupa sualnak thinlung temtuar kho ding in leh, tuah u a ti ning in tuah. "Na thil i phoih dih," a ti ahcun an i phoih dih i cucu a zoh hna. Cu bantuk rian maksak cu an rak ṭuan i thlahlawh an pek hna. Hi online chatting ah hin S. Korea pa deuh lawngte an si ti si. Cuticun an nufa in mi zoh nuam ah an cang. Zeitluk zaangfak an si mu! A tak ahcun cu rian cu an i thim mi a si nemmam lo—an nunnak ca ah lam pakhat—a bi tuk mi lam, nun i ruahchannak ca ah har taktak in an zulh mi lam a si. Hi hlei lam dang an ngei lo! N. Korea kir ṭhan le a si kho fawn lo. An harsat le temtuar zia chim cawk ding a si lo. Harnak tampi an tuar hnu ah a mui mi lam in zalonnak le luatnak i ruahchan in thaizing ti mi niceu an hngahnak, minung hawi nih minung hawi cung i a buarso mi covo le thil lakah nunnak i ciah in kal hmanh hna sehlaw ruahchannak niceu a tlang te ko lai ti aa ruahchan.

Ka thih lo poh ahcun ka chunmang a nung ti a hngalh. A lung a dong lo. A ruahchannak kha muihnak hmun a um lio zong ah a ceu peng. Nihin ah cun amah a temtuar mi bantuk mi dang nih temtuar ve ding a duh lo caah Human Rights in North Korea siseh, minung zuar in Tuluk ah harsatnak a tong mi hna le vawlei cung hmun tampi ah Nuhrin Covo he pehtlai in bawmchantu le chimrelpiaktu a si cang. Kan nunnak ah Park te nufa temtuarnak bantuk a temtuar kan um hnga maw? A thlak mi mitthli hi a tla zungzal lai ti a ruat bal lo, hul caan a ngei te lai ti mi ruahnak a ngei peng. Ruahchannak ngei lo in rak um sehlaw khi tluk a mui mi nun chung ah mah le mah tuahhmuah aa fawih tuk lai. S. Korea ah himnak an hmuh hlan vialte hnangam caan an ngei lo. Mitku thawte khom in hngilh caan an ngei lo. Mi van an hai tuk. Hawi zoh an hngar tuk. Thilpuan ṭhaṭha ai hrukaih mi an hmuh hna ah an hngar hna. Din-ei thawthaw a ei mi an hmuh hna ah an hngar hna. Nuam tein a tlongleng mi lengval rual an hmuh hna ah an hngar hna. Mi zoh hngarnak in an khat. Or diriam tein ei caan an ngei bal lo. Vawlei ah rak sem hlah usihlaw a ṭha deuh hnga ti tiang an ruah caan a tam. Anmah nun hluan kan um ko hnga. Fimthiamnak cawn khawh lo ruang, hawi ngeih na ngeih khawh lo ruang le hawi si na si khawh lo ruangah na lungdong maw? Hawi na hngar mi a tam ve maw? Ruahchannak hi a thi lo, a nung ko dahkaw! Na ca ah niceu a tlang iahmah ve ko dahkaw. Ruahchannak ram phak nakding ah hnut a um lo.

Carson le Laura Carson

Joel Ling nih, *"Duh ahcun a naite, duhlo ahcun a hlapi,"* a rak ti mi kha Carson le Laura nun ah a tling khitkhat. Baibal ah Paul nih Philipi chung i van sunparnak kaltak in vawlei ah Khrih a ratnak hrampi a chim mi bantuk kha a si. Mit in an hmuh bal lo ram, mitthlam zong in an cuanter khawh bal lo mi ram, Laitlang ah an rak tlung huar ko. Kha lio sining cun chunzan-hlan in kal hmanh ah a thlathla a rau mi khuallam a si nain, Khrih dawtnak le Chin miphun siaherh zawnruahnak he Laitlang an rak fuh. An khualtlawn lampi ah zei bantuk harsatnak an ton chim cawk lo. Thlihran hoih in a kalpi tilawng in meng tam tuk a hla mi Laitlang van fuh cu ruah lungdong. Tleicia Rev. Dr. Hai Vung Lian ṭial mi Ruahchannak Khualipi chungin van com ning law, "American Baptist Missionary Union nih April 6, 1886 ah Kawlram ah siangbawi rianṭuan an fial. A ṭuannak ding hmun cu Kawlram thlanglei deuh Prome hrawng ah a um mi Laimi sin ah a si. 14 October 1886 ah Kawlram kal ah ai thawh i, December 13, 1886 ah Rangoon a phan. Laura Hardin he December 18, 1886 ah Bassein khua ah an i um. An i ṭhitumh dih cangka in Henzada ah an kal. Thla 3 an um hnu ah Henzada in

Prome ah an i ṭhial. Prome ah kum 2 an um hnu ah Thayetmyo ah kum 11 an um. Rawn Chinmi sin ah kum 13 rian an ṭuan hnu ah Laitlang Hakha ah an i ṭhial. 2 February 1899 in Thayetmyo in an i thawh i, March 15, 1899 ah Hakha an phan.

Hakha bawi Lian Mo ram ekka 30 cu Rs. 50 in a cawk. Amah umnak siangbawi inn a sak. 1900 kum ah Hakha ah Primary Mission Sianginn a sak. 1900 kum ah Rev. Tilbe he Laica an remh. Khrihfa hla fung 34 a leh. Pathian thawngṭha a chim. March 25, 1907 kum ah Hakha ah Chin Hills Baptist Association a thawk. Vanchiat ah Rev. Carson cu rilfonghlei zawtnak a ngei. Dr. East nih America ah kal law in hlai hna seh, a ti i America kal a fial. Rev. Carson nih kalnak phaisa ka ngei lo, ka ṭha ko lai, a ti. A voi hnihnak Chin Hills Baptist Association civui cu March 1908 ah Khuasak ah an tuah. Laura he Khuasak civui ah cun an kal. Rev. Carson cu pumh uktu le tawlreltu bik a si tikah a re a thei, a tha a ba ngaingai. A bat tuk caah a rilfonghlei zawtnak a puang. A celh bak ti lo. Rev. Carson nih, "Ka hlai ko law, ka dam ko lai," tiah Dr. East cu a ti chin cang. A celh bak ti lo i, a hrum hluahmah cang.

Zumtu thar hna nih Khuasak civui tuahnak cun laang in an zawnh i hlai ding cun Dr. East lei an panhpi. Laang in an zawnh pah zong ah Rev. Carson cu a celh ti lo i, a thaisung dawt tuk mi vancung thaizuar bang ai dawh mi a samthlairem sin ah cun, "ka dawt Laura aw! Ka celh bak lo ee ka thi ko lai" tiah a hmaisen turmar bu cun a von chimh. A dawt Laura ca ah ngaih har tuk mi bia si. Laura biangno cung ah mitthli an hun i zul thliahmah. Cu bu cun, "ka dawt Carson aw, i hne ko mu. Bawipa nih an dawt. Na thi lai lo. Dr. East nih an hlai lai i na dam ko lai, ka dawt i hne ko mu" tiah intuar a von fial ṭialmal. Carson nih cun, "ka dawt Laura aw! In khawh si ti lo e ka thi ko lai," tiah. A fah le fah lo cu a mithli hna nih bia an von chim cang. Laura nih, "Ka dawt Carson aw! na ka kaltak ahcun zeitindah hi minung hna sin ah khua ka run sak kun hnga! Nang loin hi minung hna sin ah khuasak ding cu a si khawh ṭung lai lo" tiah a mitthli he ik thliahmah in a hngawng ah a von kuhreh. Cu ti mitthli he an von i kuh-reh ah cun zumtu thar (Laang zawntu hna) hna zong an celh ti lo i nguingui thlakthlak in an ṭap hna. An ik thliahmah hna. Bawipa aw, kan kaltak hrimhrim hlah mu. Kan in sianglo tiin an dihlak ngacha in an an chim lulh cio. Cu thawng nih Carson le Laura thin le lung cu fei chunh in a chunh hna i hnawh cawklo mitthli a sur. Tlawmpal ah Dr. East sin cu an von phan.

30 March 1908 ah Dr. East nih cun a hlai. A hlai lio ah cun Laura le zumtu thar hna nih cun ruahchannak nganpi he thlacamnak in leng lei ah an rak hngah. A dang cu an ṭhu hna nain, Laura tu cu a ṭhu kho ti loh. Innka hram bak ah a dir. A sam thlizil nih a von hranh. A hmaithlak rem dawh hna an hong sen. Thlacamnak he innka hramte ah cun a dawt Carson kong thawngthanh ding a hngak. Tlawmpal ah Dr. East cu a hong chuak. Laura nih cun leklak tiah a von zuanhnawh. Ka dawt Carson cu zeidah a lawh tiah, ruahchannak lianpi he a von hal. Dr. East zong Carson kong von chim ding ai harh tuk. A dang a khar. A mitbenh a von i phoih. A mitthli a von i hnawh pah in Carson a nunnak a dih cang, tiah a von chimh cu Laurau le zumtu hna cu zaanṭim uico ṭah bang an hluan. Carson a nunnak a liam hi 1 April 1908 ah a si. Laura a ṭah tuk ahhin a cekkha tiang chuak hnik an i zal. Rev. Dr. Tilbe nih, "Carson! Carson! Carson! Na liamsia herh tuk maw? na dawt thaisung le zumtu hna hi zeitindah an von um kun ne lai?. Na lohma tampi a taan rih ṭung. Kan cim rih ṭung lo. Hiti ngai hin cun nehbung kan khirh ngam lai maw?" tiah a mitthli he Carson ruak cu a von zaihnawh len. Mitthli he ṭah len zong ah zei san cu tlai ti hlah kaw, Siangbawi ramkulh chung farhmawng tang ah Rev. Carson ruak cu Rev.Dr. Tilbe nih a vui…

Siangbawipa Arthur cu Chinram ah kum 9 rian a ṭuan hnu ah 1 April 1908 ni ah rilfonghlei damlonak in a nunnak liam. Carson thih hnu ah siangbawinu cu mitthli he Hakha khua ah Khrih rian cu October 1920 tiang a ṭuan. 4 November 1920 ni ah Kawlram in USA ah a kir. 19 July 1942 ni ah vawlei kaltaak in rian a ṭuanpiak mi Khrih remh mi vanram nuam ah, Hakha khua in a tlun lai ah a thlanrote kaltak a sian lo mi siangbawipa Arthur sin ah aa din ve. Kum 21 le thla 7 chung Khrih rian a ṭuanpiak mi hna Chin/Laimi hna kaltaak lai cu a rak ruat kho lo.

Carson le Laura Laitlang an phakka ah lungdonghnak mitthli le ṭahhla kha ruah hmanh! An rak i ruahnak lengpi in kan pipu hna nun ning a rak zualhma (chiatnak) deuh i lungar in a rak chiah hna lio ah Laura ṭahhla, Salai Van Lian Thang nih Siang Bawinu Laura Carson Mitthli Hnawttu Kum 18 Hakha Ngaknute t'n a ṭial mi chungin van com rih usih, "Laura Carson nih, 'lampi kuli pawl hi cu santlai lo deuh pawl an hei si lai i, Hakha kan phak cun santlai deuh pawl le a sang deuh mi kan hmuh te ko hna lai. Cu hna cu a thianghlim deuh mi le fih a nung lo deuh mi an si te ko lai,' tiah ai hnem. 15 March 1899 ah Hakha cu an hung phan. Hakha kan phak ni ah a thiang deuh mi, fih a nung lo deuh mi, a sang deuh mi cu an um hngamaw, tiah ka zoh lengmang hna i pakhat hmanh ka hmu hna lo. Kan kuli hna he zeihmanh an i dannak ka hmu hna lo. An dihlak in an hnawmh ning le fih an nun ning hi a chim chim awk khi a ṭha lo. Zan a hung phan, ni a hung liam. A va Arthur Carson a thawh i, " Ka dawt Arthur, ka si kho hrimhrim lai lo, ka si kho bak lo a si ko. Cuai kai thlai i ka tling ti lo. Hi mifihnung hna sin ah hin khua ka sa kho hrimhrim lai lo,' tiah. Laura hnabeidong tuk i, lunghno ngai in a ṭap thluahmah. Carson nih cun, "hi kong cu tuzan cun ruat ti hlah. Hngilh tu i zuam ko, rianṭuannak ding hmun a tampi ko. Na duh lo cun um lo in kan um kho ko ti mi ruahnak he tuzan cu hngilh i zuam ko mu," tiah a hnemh." A thaizing zingka cun an vun tho i pawngkam kha an zoh. Kuli pawl cu an thil phorh man hlam ah an vung ra. A cheu cu pa an si i, a cheu cu nu an si. An lak ah ngaknu pakhatte (kum 18 hrawng) khi a um i aa dawh ngai. Khuhzarhtu a hni dong khat hrawng lawng khi a si; a dang zeihmanh a ngei lo. Hmaipanh ngai khin a hei fuh i kan kal cang lai ti tah a si ko hnga - Laura biang nemte cu a kut hnawmpi cun dinte khin a hei bengh. Taang ko cun Laura mitpum ṭial dawh chung ah a hei merhhnawh.

Aa dawh ngai mi mithmai a zoh tikah Drummond caṭial thiampa nih, "dawtnak hi vawlei cung ah a nganbik mi thil a si ko," a ti kha a vun hngalhter ṭhan. Tikah Laura Carson nih a ti mi cu, "Kha aa dawh ngai mi pumrua, a taklawng dengmang a si mi, hnawm le riim nih a khuh mi pinlei ah khan thil pakhat khi ka hei hmuh mi a um. Cucu thlarau a herhnak kha a si. Khrih rian ah aa pe mi nu nih kha bantuk mi nute le minu bantuk tampi ca ah a duh ahcun zeidah a tuah khawh lomi a um? Hawi dang nih an hmuh khawh lo mi caanṭha cu atu hi pek ka si ko lo maw? Hi mi hna hi ka kaltak ko hna hnga maw? Pathian nih ka thlauh ko seh! Maw miralchia nu!" tiah amah le amah cu aa vun ti ṭhan. Hmailei ruahchannak nganpi he cuticun Laura Carson cu lung aa ṭhum i kum 21 chung Laimi sin ah Pathian rian a ṭuan. A pasal Carson bawipa nih a thihtak hnu zong ah America ram ah kir loin kum 11 chung Lairam ah rian a ṭuan. Lairam an phak ni (15 March 1899) ah ca zong kan ngei lo; Khrihfa pakhat hmanh an um lo; biakinn pakhat zong a um lo mi ram kha America a kir ni (6 Oct 1920) ah cun Khrihfa bu 10 an hun um cang; tipil ing mi 800 an um; Khrihfa rianṭuantu 24 an um; sianginn 6 le siangngakchia 175 a hung um.

A nunnak kha Laimi ca ah i kenret mi zeihmanh ngei loin a pek dih. Laimi Khrihfa kan nu taktak a si. Hakha an phak (1899) ah Laimi nun ning hi a rak niam hringhran ko (rua), a lau bak in an rak lau. Mipuar hraang (wild), mi ṭihnung (savage), mifim lo (uncivilized) le Pathian bia lo (heathen) le Pathian zeirello mi (pagan) tiah, an auh mi kha kan si. Sinain kum 18 muidawh Hakha ngaknu note kut hnawmh le rimchiat nakin a mithmai in a lang mi dawtnak, lungthiannak le duhnunnak nih Laura thinlung a tawngh deuh tikah ruahchannak nganpi a ngei ṭhan. Cu nih zan ah ik lengmang in a ṭap mi Carson Bawinu cu a thaizing zingka ah a mitthli a hnawh ṭhan dih. Kir tiang a lung a rak chuak cang mi kha kum 21 chung Lairam ah a umter. Ruahchannak nganpi an rak ngeih mi theipar cu kum 100 lengkai kan hun ṭuan cang.

Ruahchannak in nung hlah usihlaw, thaizing hmanh a hla tuk men rih lai. Atu nunnak thaw a dongh hlan caan tawite taktak tiang ahhin ruahchannak cu sullam a ngei mi a si. Zeizong vialte a sung pek dih, hlawt dih le hlonh dih in mit nih these ramcar lawngte a hmuh bantuk! Zeizong vialte santlaihnak a um ti lo i an rawk dih ti kan ruah hnu ahcun zeidah kan tuah khawh ti lai? Ruahchannak a um ti lo ahcun nunnak sawksam a fawi tuk. Minung hmanh ah ruah tlak lo Laimi sin ah Carson le Laura rianṭuannak le nunnak, thilri bang minung zuartu kut in theih le hngalh bal lo minung sin ah zuar le tlangṭin bang nupa diriamhnak sawh ca ah tuahto a tong mi Yeonmi Park le nganfah tuar in ṭah-aihramnak thawng nih a tlirh i, thisen le mitthli nih ciar cipcet in a ciah mi Auschwitz thonginn chung ah Pilecki temtuarnak ruat ṭhan hna hmanh! Kha tluk an temtuar kha ruahchannak ngei hna hlah sehlaw kha nun kha an i thim lai lo. Ruahchannak hi kan i thim lo mi hmun zong ah a um zungzal. Cucaah ruahchannak hi hmailei cuanhnak mitbenh ah na hman thiam a si ahcun na thazaang ṭha bik a si ve ko lai.

Zohchih:

e. Ruahchannak Hmual, Pastor Lian Chawn.
f. Research Paper on The Effect of Hopelessness on Students, Anja B. Farquharson.
g. Ruahchannak Khualipi, Rev. Dr. Hai Vung Lian.
h. Siang Bawinu Laura Carson Mitthli Hnawttu Kum 18 Hakha Nungak Nute, Salai Van Lian Thang.

7. Ngaihthiamnak Hmual

Mi vialte nih kan rak herh bik mi hi ngaihthiam nun a rak si. Ngaihthiamnak nun ngeih lo cu sal thong chung tlaknak a si. Mi pakhat cung ah lungthin thihlonak na ngeih mi sal na si pin ah, nangmah lungthin sal na si chih. Mah le mah i ngaihthiam khawh lo hi a poi bik mi a si, zeicahtiah mah le mah i ngaihthiam khawhlonak nih ṭihnung thil tampi a chuahter khawh, thihnak tiang hmanh a chuahter khawh. Cucaah mah le mah i pek khawh mi laksawng sung bik cu ngaihthiamnak a si an ti tawn khi si. Mi tampi nih ngaihthiamnak hi phun tampi in an hrilhfiah. A cheu nih ngaihthiamnak ti mi cu palhnak philhpiak si an ti. Acheu nih cun ngaihthiamnak cu a kan pek mi hmape porter lo, huatnak le lehrulh duhnak lungput ngeih loin dawtnak in hmaimilhpiak khi si an ti. Na nun-hlun van bih ṭhan duak law, mi pakhatkhat nih fahnak, ngaihchiatnak, mualpho thangchiatnak le thinlung fahnak pek bal cang mi na si men ko lai. Na nungak ṭhing siloah na tlangval ṭhing, hawi hlun siloah hawi thar, rianṭuanpi hawi siloah chungkhar le rualchan cingla lila sin zong in lungfahnak, ngaihchiatnak, taksa fahnak na in ruangah lungthih lonak tbk na ngei ko hnga.

Minung sinak ah thil har bik a si mi cu, fahnak a kan petu sualnak ngaihthiam a si. Kan sualnak ruangah si loin palhnak kan ngeih lo bu ah sualpuhtu, taksa in fahnak a kan petu siseh, thinlung fahnak a kan petu ngaihthiam i anmah cung huatnak, lehrulhcham duhnak hmape hlohter ti mi cu thil fawi a si ruam lo. Sinain ngeih hrimhrim kan herh mi nunzia pakhat a si fawn. US hrambunh Non-profit Fetzer Institute kherhhlainak ah zatuak 62% nih ngaihthiamnak an herhnak an chim a ti. Ngaihthiam nun ngeih lo ahcun zatlang nun i hrawm khawh a si lo. Mi nih ngaihthiam mi si lawng duh i ngaithiamtu si duh lo cu, minung thinlung ngeih lo he ai khat. Ngaihthiamnak a um lo ahcun phuhrunnak a um, ṭihphannak a um, ningzahnak nih a zulh, thinhunnak a zualter i pehtlaihnak le hawikomhnak tiang a cat kho. Sinain i ngaihthiam tikah, thinlung phurrit a zaang, nun i remhnak, chirnak in hawikomhnak ah, hawikomhnak in pehtlaihnak thuk ah, pehtlaihnak in dawtnak ram ah kaupi in hmai a kan kalpi. Culawng si lo, mi sual kan ngaihthiam tikah:

> Mi dang he pehtlaihnak le hawikomhnak a tluanter
> Thinlung ngandamnak a ṭhatter
> Lungretheihnak le sivanghnak a tlawmter
> Thi kai a ṭumter
> Mah le mah zumhnak a santer ti si.

Pumpak hlawknak lawng hmanh a si lo, vawlei ngandamnak ah a herh bik hriamnam hi "ngaihthiamnak" a si an ti. Zeitluk in dah a hmual fah ti ahcun, minung pakhat nih ngaihthiam nun a ngeih hmanh ah vawlei khupthal a leh khawh. Zoh law! Kum 51 fai Colombia ramchung ralthawh (civil war) daihnak lam vittu zong kha US rammi Russell Martin Stendal a si. Kum 51 ramchung ral a tho cang mi cabuai cung ah remdaihnak ser ding in a tonhkawmh hna ruangah a ṭuanchuah mi upatnak ah First Step Forum and the World Evangelical Alliance nih 22nd January 2017 ah Shahbaz Bhatti Freedom Award an rak pek. Russell Martin Stendal hi, Radio in thawngṭha chimphuannak in siseh, vanzuanglawng in Baibal le Pathian bia ṭial mi va thlak/semnak in siseh, amah pumpak hrimhrim nih chimrelnak in siseh, Colombia ah nunpek in Pathian rian ṭuantu a si. 1983 hrawng Colombia a um lio, Acozah doh in ramchung ral a tho mi Revolotionary Armed Forces of Colombia (Farc) tapung hna sin ah biatak tein rian a rak ṭuan. Chris Witts nih Hatred – Poison to the Soul timi a ṭialmi ah a langhter ning ah cun, ramchung tapung nih voi 5 tiang an tlaih. Voikhat cu thingkung ah an hren i na mithmuh le hnatheih hngan bak ah in thah cu kan duh lo, cucaah nai hngilh kar ah kan in thah lai an ti. 1983, August ah ramtang tupi chung ah an kalpi i thingkung ah an hren. Thingkung an hrennak le hremnak hmarung hmanthlak le cakuat tawite he tangka 12 milion Pesos in December 25 hlan ah nan rak tlanh lo ahcun a nunnak kan lak lai, tiah an rak thanh hna. Caan saupi an hren hnu, tuk le hrem vialte a tuar hnu ah 4th January 1984 ah an luatter. Cutluk in a hremtu hna le thah tiang a timtu hna hnuchit in kaltak a duh lo. A cung i an tuahsual mi vialte a ngaihthiam hna i ramchung kahdaihnak le remdaihnak a len khawh nakhnga, amah nunthap in cozah le tapung kar remdaihnak lam a vit. Phun dang in kan chim ahcun, a cung ah an rak tuahto cia mi cung ah thinhun in i uamnak lungthin ngei loin ngaihthiamnak mit in hmailei ramchung minung ca thil ṭha zoh in nun a thap mi nih dawtnak le rualremnak theipar a chuahpi. Robert Muller nih, "A sang bik le ai dawh bik dawtnak cu ngaihthiamnak a si. Ngaithiamtu na si ahcun chimphuan khawhlo daihnak le lawmhnak na hmu lai," tiah a chim mi ngaihthiamnak theipar a si.

2008 December, India ram khualipi khuasa Chinmi Khrihfabu kip funtomnak buu Chin Christian Churches Fellowship nih crusade an rak tuah i cawnpiaktu ah Laimi thlarau lei ah kan pa a simi, Rev. Dr. Van Ram Uk an rak sawm. Chungkhar he pehtlai in dawtnak kong a rak chim i cu lio ah hrin mi fale nih hringtu nu le pa "ngaihthiam" a herhnak le a biapitnak kong a rak chim. Mi tampi nih hringtu nu le pa nih ngaihthiam tlak ding thil kan cung ah an tuah mi a um lo caah ngaihthiam an hau lo an ti men ko lai, sinain taktak tiah cun ngaihthiam hal hna u. Nanmah zong nih nan ngaihthiam hnanak kong hmurka le tuahsernak in va langhter u law. Cuti nan tuah ahcun nan thinlung phurhrit a zaan ning le nan nu le pa thinlung ai dang hrimhrim lai," a rak ti. Chungkhar hrimhrim ah ngaihthiam nun a len ding a biapi tuk. Kan fanu le kan fapa hna nih ngaihthiam nun an ngeih khawh nakding cu hringtu nu le pa sin in a si. Kanmah le kanmah ngaihthiam nun kan ngeih, mi dang ngaihthiam nun kan ngeih a herh. Jesuh cawnpiaknak kha zoh hmanh, chungkhar ah ngaihthiamnak biapi tuk a chiah na hmuh lai. Khrihfa kan zumhnak hrampi zong hi "ngaihthiamnak" cung ah a dir mi a si. Sual in hrin mi minung khamh kan si i zungzal nunnak pek kan si hi, kan phut ruangah a si lo, sual biaceih zung ah sualphawt cia mi kan si nain Khrihfa thisen thawngin nan sual lo tiah ngaihthiam in biaceih kan si ca'h a si (Rom 5-6). Sual ngaihthiamnak um hlah sehlaw, zungzal nunnak co ding kan um hnga lo. Ngaihthiamnak tel loin Pathian he i ton khawh a si lo. Phun dang in kan chim ahcun, vanram innka luhnak tawhfung hi ngaihthiamnak a si.

Biaknak mit in zoh zong ah, nuntual nun in nifatin nunzia mit in zoh zong ah, zatlang mit in zoh zong ah ngaihthiamnak tel loin hawi he i rem khawh a si lo, i dawt khawh zong a si lo. Dawtnak, ngaihthiamnak le rualremnak kan ti mi hi chuakkhat unau bantukin chungkhar khat in a kalṭi mi an si zungzal. Cucaah ngaihthiam nun na ngeih lo ahcun, sual na ngaihthiam khawh lo mi he rualrem in nan khuasa kho lai lo i a dawt zong nan i daw kho lai lo. Cu bantukin daihnak kan ti mi zong hi, ngaihthiamnak tello in hmuh khawh mi a si lo. Daihnak, dawtnak le rualremnak a len khawh nakding ahcun sining i cohlanpiak khawh a hau. An chim tawn mi cu, ngaihthiamnak a pa cu cohlannak a si. Kan i ngaihthiam tikah thlen awk a ṭha ti lo mi, khirh awk a ṭha ti lo mi a liamcia fahnak i peknak philhpiak in i cohlan khawhnak a kan hngalhter. I ngaihthiam lo phuhrunnak vialte, ningzah le hmaikhahlonak vialte, ṭihphannak le siaremlonak vialte kha i ngaihthiam tikah an tlau i hmailei hmunkhat karhlan ṭinak lam a kan sialpiak. Paul Boese nih cun "Ngaihthiamnak nih a cang cang mi thil siningpi kha a thleng hlei lo, sinain hmailei lam a kauhter," a ti mi kha si.

Liamcia caan nih kan hman cuahmah mi caan sunglawi a uk lo ding a biapi tuk. Lungfahnak, ngaihchiatnak le lungthin thihlonak kan rak ngeih mi nih a kan tlaih peng ruang i midang ngaihthiam khawh lo tu cu a poi. Cubantuk nun cu thinlungput ṭhalo sal nih tlaih mi a si. Mah le mah fianghlang in i hmuh khawh lo, i hngalh khawh lo phun khat zong a si. Confucius nih cun, *"Fiang deuh in nai hngalh tikah, nangmah le nangmah nai ngaithiam deuh lai,"* a ti. Mahatma Ghandi nih a chim ve mi cu, "Mizaangtlawm nih mi an ngaithiam bal lo, miṭhawng tu nih an ngaihthiam hna," a ti. Midang sual na ngaihthiam ruangah an i remh ding ziaza va bawh/ngia hlah, ngaithiamtu na sinak lungput nih zei bantuk thinlung dah an ngeihter ti mi tu va tuak. Lewis B. Smedes nih cun, "Ngaihthiamnak kan ti mi cu, thinhunnak thonginn chungin luatter le cu thongtla cu keimah ka si ti i hngalh khi a si," a ti. Hi ngaihthiamnak phung ah voi cu zat tiang lawng ngaihthiam ding ti rikhiah a um lo. Zeicahtiah, ngaihthiamnak kan ti mi hi voihnih khat ca lawng a si lo, zia ah i ngeih ding mi nun tu a si. Ngaihthiamnak cu teirulchamnak ṭha bik le phuhlamnak ṭha bik hriamnam a si lawng si lo, thinhunnak le fahnak a damter i mi le mi kar ah daihnak a chuahpi. Mah pin ah lungretheihnak, lunguamnak le lung nuamhlonak vialte teinak bawmtu zong a si. Ngaihthiamnak cu huatnak nih kan thinlung, kan ruahnak le kan siningpi dolhter thluahmah khi a si lo, huatnak lungput vialte ngol, donghter khi a si. Cucu ngaihthiamnak hmual cu a si.

DAL THUMNAK

Zohchun Nun

1. Mirh

Vawlei pumpi mirh ni (World Smile Day) hi, 1963 ah Harvey Ball nih zuk-lem mirh (smiley) a ser mi thawng in hman a si. Phunglut tein vawlei killi um nih kan hman hi, 1999 in a si i, October zarh khatnak, cacawnningani cu "World Smile Day" ti a hung si. Zuk-lem mirh cu minutes 10 chung ah rak ser a si i, $45 a rak hmuhnak. Nihin ah cun zuk-lem mirh cu $100 million tangka hmuhnak ah a cang. Tulio maivan kan tawnghtham bik mi Facebook zong ah chiah a si i, thil pakhatkhat, mi pakhatkhat mirhhnawhnak (*reaction*) ah hman lengmang mi ah a hung cang. Hi zuk-lem mirh nih tinh mi pakhat a ngei, cucu- thinlung nuam tein um law, keimah bantuk in mirh ti," ti khi si. Phun dang in kan chim ahcun, nangmah zong i nuam, na mirh mithmai panh hmutu zong i lawm hna seh ti khi si.

Mirh hi phun cu zat a um, tiah chim awk a har. Kan hnu 2017 ah British Broadcasting Corporation (BBC) nih phun 19 a um a ti bal. Sinain mirh kong kum 30 lengkai kherhhlaitu California Sianghleirun cachim Paul Ekman nih cun phun 50 lengkai a um ti. Kan hngalh awk biapi mi cu, mirh phun hnih - **mirh tak le mirh deuh** an si. Hi pahnih ah a cung ka langhter mi mirh phun vialte an i khumh dih. Langhter ka duh mi cu, mirhnak nih kan nun ah zeitlukin rian a ṭuan i, mi nun a ei khawh ti khi si. Hmual ngei mirh nih nun a thlen khawh ning, mi mit le lung a lak ning zohchih in, mirh a biapit zia chim ka duh mi a si. Vawlei cung zuk-lem thai mi lak ah man fak bik ah ai tel mi "Mona Lisa" a man fahnak khi a hmanthlak a si theng lo, mirh nawn in an thai mi muisam a si an ti. Nihin 2020 tiang (hi ca ka ṭial lio) ah $860 million lengkai in zuar khawh a si lai an ti. Cu tluk cun Mona Lisa zuklem man an fahter. Sihmanhsehlaw mirh an caw kho maw tiah cun, caw kho hlah. Mirh hi cawk khawh a si lo nain, mirh muisam he Mona Lisa nih mi thinlung a lak i a nuamhter khawh ning man tuak in a man fah khunnak hi a si.

Mirh khuapi (the city of smile) tiah theih ngai mi le mikip nih tlawn le hmuh an duh ngai mi cu Bacolod khuapi hi a si. Bacolod khuapi cu Philippines ram, Negros Occidental pengkulh chungum khualipi a si. Mirh khuapi tiah auh le theih a sinak hi, MassKara Kuut an i ngeih mi ruangah a si an ti. Hi kuut (puai) hi fuu in chawlehthalnak an tuah mi a tlakchiat ruangah siseh, ramchung ral in minung nunnak tam tuk a liam tikah siseh, puicimh zawttlaknak, vansannak le ngaihchiatnak an ton lio caan ah i hnemhnak pin ah, anmah ral i vennak an tuah mi a si. Zapi an ni, an ngaihchiatnak vialte an philh. Hmutu zong an i lawm. Zapi lungthin a lawmhter. Cu tikah thil ṭha a si ko an ti i nihin tiang nunphung kuut (puai) ah an i ngeih thai. Cu lawng si lo, hi Bacolod khuapi hi "The land of sweet people" a thlumal mi umhmun khuarnak ti zong ah an ti. Hei sawhter mi cu, a chung tlongleng mi mithmai a panh ning, an thlazar a panh ning khi a si. An chim tawn, Bacolod khuapi kal ahcun mirh lo khawh a si lo tiah. Zeicahtiah mirhnak nih mi nun a lawmhter, khuaruah a thlen lawng si loin, mi vialte hi harnak, zawttlak puicimhnak, vansannak le ngaihchiatnak kan tong cio, cucaah mithmai panh in chawnhbiak le mirh bu tein rak don le lawmh an phu tihi annih khi hmun khuasa hna zumhnak le lungput a si an ti.

Ningtak hngalhnak (*scientist*) a ngei mi nih mirh hi mi thinlung laaknak sii ṭha bik, mi nun hiipnak ṭha bik holh phun khat a si an ti. Cucaah a mirh peng mi cu nupi pasal he chungkhar khuasaknak zong ah sau an i cepkeng deuh an ti. Ngandamnak lei thiamsang hna zong nih hmaipanh in a mirh peng mi cu an ngandam i an nunkhua zong sau deuh. Mirh a hmang lo mi, hmaichiat mui a keng zungzal i a muihmai a maw peng mi hna nakin an nunkhua sau deuh hrimhrim. Cun mirh nih hin lungretheihnak a zorter, mi a hliphlauter, thi kai a ṭumter, lungthin a nuamhter, a lawmhter. Kan mirh tikah kanmah kan i lawmh pin ah kan pawngkam zong kan lawmhter hna caah mi thinlung teinak a si an ti. Kherhhlaitu hna nih 3-D Ultrasound thlaknak in nau-inn chungum naute an zoh tikah a mirh lio an hmuh khawh. Cucaah minung hi nu-paw chung kan um lio hrimhrim in kan mirh i, cu nih cun naute ngandamnak a bawmh. Kan chuah hnu zong ah mirh kan i hrawt, mitcaw naute hmanh nih thawri theihnak in a mirh kho ti si. Mirh duh lio caan hi ngakchiat lio caan a si i, ni khat ah voi 400 fai an mirh ti si. A dang zatuak 30% hi ni khat ah voi 20 fai an mirh i, zatuak 14% nih voi 5 an mirh ti si. Hi lak ah a mirh tam deuh mi pawl hi thinlung thiang, lungthin a dam mi, ai hliphlau mi an si i, mi hawikom a thiam mi, mi lumhsat a thiam mi an si. An chan zong sau deuh ti si. Zeitluk in dah mirh a biapit mu!

Cu lawng si lo, mirh cu sawmnak a si caah vawlei chawlehthalnak a tuah mi hna nih biapi bik ah an chiah. Tokyblog ţial ning bang ah cun, "Chawlehthalnak a tuah mi zatuak 72% nih an chawlehthalnak hlawknak innka cu mirh a si caah biapi bik ah an chiah a ti." Vawlei chawlehthalnak ah kan surlu pakhat a si mi Tuluk rumnak biathli pakhat cu "mirh" a si ti si. Annih phungthluk ah cun, "Mirh a hmang lo le thiam lo mi nih dawr tuah hlah seh, ong hlah seh, hngak hlah seh," ti si. Mirh hi mi nun a ei, a lak, mi lemnak ţha bik a si ti an rak fiang tuk. Vawlei cung ram an i dawrnak ah siseh, chawlehthalnak ah biapi ah ruah mi cu, "mileng sakai dongtu, mi chawnbiatu" (Customer Service) a si. Ramdang (a hlei in Australia) ah cun Technical and Further Education (TAFE) in "Mi chawnhbiak thiamnak" (Customer Service siloah Cummunication Skills) hi cawn awk a um. Biatak thlak in an chimh hna. Bia perhlote, mirh zong an chimh ko hna. A biapi tuk. Zeicahtiah, mileng sakai dongtu, mi chawnbiatu nih mi pehtlaih le chawnhbiak a thiam lo ahcun thil cawtu, lengkaitu an ngei lai lo. Thilpuan dawr maw, a dang dawr kun ah maw, chungtel sinak (membership) na lak/tuah hnga. An thilri cu a ţha tuk, nai lungsi tuk ko nain, na chawnhbiak hna tikah an i uluk lo (careless), bobo calcal in an in chawnh ahcun cu hna cu pehtlaih thiam mi (good customer carer) an si na ti kho hna lai lo. Na lungkhan in an in chawnhbiak lo ruangah chungtel na sinak hmanh in na chuak phah kho men. A tak in a cang mi zong tampi hmuh khawh a si. Tokyblog nih a taar ning ah cun, 2011 lio ah zatuak 86% minung nih kampani (company) biakchawnh fello le pehtlaih (customer service) ţhatlo ruangah chungtel sinak in an chuak a ti. Zeitluk in dah mileng sakai dongtu le chawnbiatu an biapit mu!

Cun mirh ṭhawnnak le biapitnak cu innchungkhar ah lawmhnak ni a tlanter. Rianṭuannak hmun ah tha a nuamter i, hawikom sin ah nuamhnak le tlaihchannak a chuahpi. Lungrethei mi hna dinhnak, zaangder mi hna thazaang, lungdong mi hna ruahchannak, ngaihchia mi hna niceu a si. Firpiak khawh a si lo. Cawk khawh lo mi, cawi chung le hlanh khawh lo mi thil sung a si. Zeitik hmanh ah ahohmanh nih na thil pek an cohlan duh peng ding cu "mirh" lawnglawng a si. Thinhun damnak sii le hriamnam zong mirh a si. Mirh nih kan thluak rianṭuannak a thlen khawh. Cucaah lungretheihnak nih a kan khuh lio, harnak kan ton lio caan ah mirh le hmaipanh na zuam khawh ahcun cu nih na khurkhuaruah an thlen lai. Na thinlung a zanter lai i, nuam tein nicaan an hmanter lai. Zeitintiah mithmai ceu le mirh bu in mi na chawnhbiak tikah na biakchawnh mi pa/nu ni hman ning a thlen khawh. Ruahchannak le lunglawmh thanuamnak na pek lawng khi a si lo, mithmai na tlanter hna le thinlung nuam tein na chiah hna khi a si.

Caan tampi cu mirh deu mirh na ton caan a tampi ko lai. Cu zong cu mithmai chia mui nakin hmuh a nuam deuh ṭhiamṭhiam. Mother Teresa nih, "Zeituk thil ṭha tampi dah mirhnak nih a chuahpi khawh tihi ruahphak lopi tiang khi a si," tiah bia roling a kan rohtak bang, nifatin na nunnak ah mi dang ca ah a mirhtu hna si khawh i zuam. Voikhat te hmaipanh in na mirhnak nih an nun a thlen khawh mi a si. Mi hmai kan mirh le hmaipanh in kan um tikah, na sining tein lunglawm in kan cohlan, tiah an thinlung chung ah bia kan hei chimh khi a si. Cu nih cun, van ruahti lakah chuncha, hlingso lakah pangpar, mitthli phen ah lawmhnak, kebei ca ah ṭhiangṭhunh, hnachet ca ah theih mi holh le ai lawm lo mi hna a nihtertu a si lai.

Mirh......law…mirh… peng ko...mi nun na bawmh si...

Zohchih:
- How much is a smile worth? The effect of smiling faces in food retail stores, Leonardo Aureliano-Silva.
- The city of smile: Bacolod, wikitravel.
- The power of smile with customer services, Toky blog

2. Biangaitu Ṭha

Biangaitu ṭha kan ti tikah ṭha tein mi biachim a ngai thiam mi (good listener) khi chim duh mi a si. Mi tampi nih huahalo ah kan ruah mi le zei kan rel theng lo mi, a herh ah kan ruah theng lo mi a si. Pumpak ṭhanchonak, chungkhar tluannak le mibu he rianṭuannak ah thazaang hi biangaih ṭhat a si. Mirang phungthluk ah, "biangaih hi cawnnak ṭha bik a si" an ti. Cucaah ramdang hna ah cun biangaih thiamnak hi biapi tuk ah an ruah caah, pakhat le pakhat i chawnhbiak le pehtlaih thiamnak *(communication skills)* cawnnak chung ah cawnchih a si. Biangaihtu ṭha a biapit ning hi 29th September 2020, US President biaraldohnak nih a fianh rua ka ti. Hi ni, Donald J. Trump le Joe Biden biaraldoh zohchiat ning kha, vawlei hmunh chung philh awk ṭha lo ding ah a cang. Biangaih thiam le biangaitu ṭha si a herhnak zong a langhter. Biangaitu ti mi ah hin, fale nih nu le pa bia ngaihpiak zong ai tel; ngakchia nih cawnpiaktu siloah cachimtu hna bia ngaihpiak zong ai tel; nu le pa nih fale sin in bia ngaihpiak zong ai tel i, biaknak ah siseh, adang vawlei lei biachim holhrelnak ah lunglut tein bia ngaih zong ai tel fawn. Kan cawhpawlh lo ding ah ka duh mi cu, biangaih kan ti tikah nawlngaih khi chim duh mi a si lo, biangaihnak nih nawlngaihnak a chuahpi i, nawlngaihnak cu tuahserhnak in a lang mi tu khi a si deuh.

Biangaih kan ti mi zong cu dengteo in biachimtu zoh sawhsawh lawng khi a rak si lem lo, ngaih zia thiamnak a rak i tel. Zeitintiah biaziar a um, biazik a um, bia-eng (bia-neek) a um, bia-tung le bia-phei le bia-porh (perh) a um. Cucaah biangaih thiam a hau. Biangaih thiam lo ahcun bia tluang le bia dawh, bia thlum-al a si kan ti mi zong midang ca ah sobul a rak si kho. A hlei in kan chim mi bia nih midang nun a khen tuk tikah keimah a/na ti hnawhchan ti'n char le lak a fawi. Cucaah biangaih tikah thinlung le ruahnak zong telhchih hrimhrim a hau. Hna lawng tun, mit in dengteo i zoh seek ve ko bu ah biangaih lo khawh a si. Cun thinlung le ruahnak nih mi bia a ngaihpichih lo ahcun alhialnak le doditnak in sikvuaknak tiang a chuak kho. Caan tampi cu khuakhan lairelnak ah siseh, Pathian thangṭhatnak ah siseh, hawi he biaphawngdennak ah siseh, mi biachim mi i kuaih ruangah kan i fahsak ṭheo. Biachimtu nih i kuaih bak seh, amah bak ka chimhnawh/ka tihnawh, tiah timhciammam in chim caan zong a um phum hnga, cun kan sining le nun ning a hngal bak lo pa/nu zong nih kan sining le nun ning he tlak in bia a chim caan zong a um ko hnga. Cu bantuk caan ah biangaihpiak thiam, charpiak thiam le lakpiak thiam ahcun thil a tluang kho ko. Thinlung le ruahnak tel loin bia kan ngaih ahcun ruat cungkaang loin i kuaih le char a si tikah, i fahsak a si ṭheo. Cun ṭhate biangaih lo le hnatun lo ruangah ai kongka lopi chim, bia-lu le bia-taw hngal lo in mah lungchuak poh chim ve zong hi mi lak ah zohchia taktak mi a si. Chuahsual lakah a fak bik mi hi minung vai palh khi a si lem lo, hawi he biasawngtlorhnak, i to-hawngnak ah um ve ko, mi biachiam theih ve ko bu ah ṭhate biangaih lo ruang i an ceihcum mi a si lo mi chim khi a si. Mi biangaih duh lo i chimrel lawng duh cu ningzah i thlaihnak a si. Chimrel thiam nakin biangaih thiam a ṭha deuh, a biapi deuh fawn. Chim duh mi cu, biangaih tikah hnatun sawhsawh, biachimtu zoh sawhsawh vial lawng a za lo, thinlung ruahnak zong biachimtu pa/nu ah phum viar in biangaih a hau; zeicahtiah, tuaktan pah lo le ruah pah lo cun hna lawng ah a lut i nunpi mi le cinken mi a um kho lo.

Chawnhbiak thiam le hmurka tam kan ti mi hna hi ngaihpiaktu ṭha ngeih lo ahcun sullam a ngei tawn lo. A caan ah cun hmurka tam mi ko hi chawnhbiaknak ah hnahnok an si tawn lehlam. Anmah lawng holh peng an duh, mi biachimnak caan an tinh hna lo. Chimtu lawng si duh i ngaitu si duh lo hi thil poi bak mi a si. Nihin Laimi nuntual ah siseh, zatlang nun ah siseh, pehtlaihnak thazaang a ṭhawng kan ti lio ah bia ngaihpiaktu ṭha kan chambau deuh. Cu kan chambaunak le dawntu tampi lakah, mi holh lio i sawhkalh, mi biachim dih hlan ah kampau, biachimtu zoh lo in a kenkip zoh, hna tunpiak loin duh poh tuah le cawl, biachimtu bia dodit i soisel, ṭanhhlei le uar deuh ngeih, mi biachim lio ah kaltak, mi dang hna hei uah duak siloah chawnh duak..tbk., pawl hna hi an si. Hi bantuk cawlcanghnak hi dawnkhantu taktak an si. Zapi he biaruah thawtnak a zorter, pumpak he biaruah thawtnak a zorter, biaknak ah siseh, khuakhan lairelnak tibantuk caan zong ah biachimtu biaka thawtnak a zorter i a tlautertu an si. Sinain biangaitu ṭha cu mi dang thazaang, lungdi riamhnak le thaw i chuahnak a si.

Kherhlaitu hna chimnak ah mi tam-u nih mi biangaih kan duh lo. Ngaitu si nakin chimtu si kan duh deuh. Cucu bia ngaitu ṭha si a herhnak zei kan rel lo hi a si an ti. Dr. Rachel Naomi Remen nih a chim mi cu, "Thil hmete a si ṭung i mi dang he pehtlaihnak hmual ṭha bik cu an biachim ṭha tein ngaihpiak hi a si. Mi dang ca ah thil biapi bik kan pek khawh mi zong an biachim ngaihpiak hi a si," ti. Minung hi a ngaihlei nakin a chimlei kan rak ṭhawng deuh. VIRTUAL SPEECH nih a langhter ning bang ah cun, "minung hi buaktlak in minute pakhat ah biakaa 125-175 kar kan chim. Nikhat ah nu nih kaa 20,000 le pa nih kaa 7,000 tluk kan chim a ti. A chim lawng si lo, kan caan hrimhrim zong hi biachim ngaihnak ah kan hman mi a tlawm tuk," a ti. US ram, Ohio University kherhhlainak ah, puitling (adults) nih an caan 70% cu hawi he chawnhbiaknak sawhsawh (luala in) an hman. Hna (ears) hi kaa nakin a khulrang deuh i, minute pakhat ah kaa 450 a ngaih khawh lio ah, 45% hi biangaihnak ah an hman, cu hmanh ah 17-25% lawng hi an i cinken. Cun zatuak 30% hi biachimnak ah an hman, 16% hi carelnak in an hman i, 9% hi caṭialnak in an hman a ti. Kan caan hmannak vialte chungin kan tuahsernak siseh, kan hnatheihnak in siseh, thluak nih ai cinken khawh mual hi- relnak in 10%, hnatheihnak in 20%, mithmuh in 30%, mithmuh le hnatheihnak in 50%, chimrelnak le caṭialnak in 70%, tuahsernak in 90% an si an ti.

Kanmah Laimi sining in chim ahcun, a chimtu kan tam tuk caah a ngaitu kan um lo. Ngaitu si kan huam lo. Tonpumh biaruahnak ah siseh, Pathian thangṭhatnak ah siseh, khuakhan lairelnak ah siseh, biachim a sau deuh le chimreltu tam deuh ahcun a dongh hlan ah chuahtak le lawi viar kan hmang. Kan lawitak lo hmanh ah an chimrel mi kan ei kho ti lo. Hna nih a cohlang duh ti loh. Cu tikah pawngkam he biasawngtlorh, a kenkip lo zoh le khuahoi, kuak hna zual salam i zapi lakah khu vuaimai in pak huar. Lu i khun riangmang i saihkuzin huar. Phone i chuah riangmang i tuai le deh huar i biachimtu nih zei a chim zong hngalh loin hawi ṭin tikah ṭin ve. Hna-theihnak cun chim mi theih ve nain, biangaih lo hi mi tam-u kan zia a si. Theih le ngaih ai dannak hi, fian le fian lo ah a lang. Theih cu "thawng" theih khi a si i, "ngaih" cu chiaṭha thleidannak le khuaruahnak le duhnak he tuah ding thim khawh tiang khi a si. Ṭha tein bia na ngaih lo ahcun na theih ko zong ah na fiang lo kho. Na ngaih ko nain na fian lo cu ai rel rih, sinain ngaih bak lo i hnatheihnak lawng in theih cu a poi. Mipumsa in bia va ngaih ve i thinlung le ruahnak hmun dangpi um tikah i chuahsual a fawi. Mi nih a chim lo mi bia chimter zong a fawi. Mi bia-tuah tikah biaceihnak ah i khin (tlangchuah) tiang a chuahpi khawh. Laimi nih inn-lam fanh le biahritirh kan ngeih mi phung hna hi biachim palh le biangaih thiam lo ruangah a si tawn. Biangaih thiam lo le ṭhiṭha in biangaih lo ṭihnung in!

Biangaih lo ṭihnung a si bantukin ṭhate le lunglut tein ngaih tikah ṭhatnak tampi a chuahpi ve. Pumpak ca ah siseh, hruaitu ca zong ah hlawknak tampi a um. Hawikomhnak fek hram a thlak khawh. Zumhraihnak a chuahpi. Mibu he rianṭuannak thazaang a si. Pumpak in siseh, a bu in siseh, biakhiahnak bawmtu a si. Chawletthal ca ah thil thar hmuhchuahnak le sernak zong a si. Cun mi biangaihpiak cu mi thinlung phurhrit kan chawn hna khi a si. Zeicahtiah, an lungfahnak, an ngaihchiatnak, an thinhunnak le an saduhthah chunmang tiang a kan chimhruah tiah, an nun phurrit a zaang. Pang Samarnh nih a ṭial mi tuanbia ka duh ngai mi cu:

Voikhat cu thilpuan ṭet femfuampi le thur nawnpi he tar pa pakhat nih lakphak ka din lio ah a ka fuh. Ka theih bal mi a si lo, a ka theih bal mi zong ka si ve lo. Sinain kan mit ai ton tikah, mirh bu he dengteo in ka zoh. A rak ka naih i ka pawng ah a ṭhu. Lakphak ka cahpiak i a din pah cun a ton mi harnak, ngaihchiatnak le harsatnak vialte a ka ruah. A lungfahnak le temtuarnak a ka chimhruah caah a bia tan cu a thaw chuak ne ual lai lo tiah miṭṭhep lo cun ka zoh. Cuticun a titsa nganfahnak le thinlung temtuarnak/zawtnak vialte a ka chimh dih hnu ah a tho zau i, ka fapa ka nunchung ah nangmah lawng hi ka biachim ṭha tein a ka ngaihpiak mi na si. Na zaangfah zawnruahnak cung ah kai lawm tuk a ti i lodiam a kal," a ti.

Hi tuanbia nih a kan chimh mi cu, mi biachim ngaihpiaknak nih mi nun thilrit a chawnnak le nun phurrit dinhnak a sinak kha si. Biangaitu ṭha si hi a biapi tuk. Mi bia kan ngaihpiak hna lo tikah buainak le i siknak a chuak tawn. A hlei in innchungkhar nu le va kar siseh, nu le pa le fale kar ah a si khun. Ṭhate bia i ngaihpiak um loin mahduh salam in um, i chawh pade, rak holhchih tikah siknak a chuak. Zapi tonpumhnak zong ah a si ṭhiamṭhiam. Cubantuk nunzia a ngei mi hna cu mi zohbeh an tong, mi nih hrial le kongceih an si. Keimah bia in bia tlu seh ti mi lungput an ngeih caah mi bia an ngai kho lo. Mah lung lawng ai rinh mi an si ca ah le ai zumrai tuk mi an si caah mi ruahnak cohlan an i tim lo. Sinain biangaitu ṭha cu mi ruahnak lak an duh, mi nun an ei caah mi thinlung ah an caam. Mi nih an zumh hna i an bochan ngam hna. An tlaihchan hna i hawi an ser kho khun. Buaibainak kha a daihter khawh i, lamkaltu ṭha a si. Cun biangaitu ṭha nih cun:

- Lunglut in bia a ngaih i a theih mi kong le ruahnak fontonh in biahalnak a ngeih, theihkauh chin duhnak a pek.
- Mi sualphawtnak lawng a kawl lo, ṭhate tu in a ngaih i an chim mi tu kha tlaihpiak ai zuam (Jeim 1:19)
- An ningzak seh ti mi lungput le biaal siloah dodit hramhram in biahalnak a tuah lo, fian duhnak lungput he bia a hal.
- Chimtu ca ah hnahnok si loin, thazaang petu le forhfialtu an si zungzal.
- Mi vialte hi kan hnatun, kan kamphawh le pum cawlcangh i dannak kan ngei cio ti an hngalh i an theihthiam.
- Biachimtu ca ah hnahnok luri si lai an phang, cucaah lohtheihlo cawl le chuah an herh hmanh ah pawngkam hnahnawh lai an ruat.
- Sikcaknak, mawhchiatnak bia le ngaih har bia a si hmanh ah lungsau thinfual in an hna an tun ko (Phungthlukbia 12:15; 15:32; 13:1).

- Mi biachim lio ah bia tan an hmang lo, lungsau in an ngaihpiak.
- Ngakchia an si ah, upa an si ah, mizei sin poh in fimnak, hngalhkauhnak le cawn awk a um ti mi lungput le ruahnak an ngei.
- Thleidannak ngei lo in mi kip bia an ngai kho (Jeim 3:17).
- Hmurka in chim mi siseh, pum cawlcanghnak in siseh, zeihmanh i dawnhkhanhter lo in an ngaih khawh.
- Hnacheh loin daih sawhsawh le biangaih sullam an thleidan. Cucaah biachimtu biahalnak leh caan a herhnak a um lai ti an hngalh ca ah bia lutaw, kong ceih mi hngalh an i zuam.

Zohchih:
> Average Speaking Rate and Words per Minute by Dom Barnard on Virtual Speech.
> Stop Talking – Start Listening by Richard Perry and Jeff Schreifels on VERITUS Group.
> The Power of Listening by Jonathan H. Westover, Ph.D.
> Listening Statistics: 23 Facts You Need to Hear by Rebecca Lake on Credit Donk

3. Conglawmhnak

Minung hmurka chuak biafang vialte lakah duhnung bik le mikip nih theih duh bik mi, ei khawh bik mi biafang hi ***zaangfah tein*** ti mi le ***"kai lawm tuk"*** an si an ti. Nu le pa zong nih an fale an ngakchiat liote, kal hmanh an thiam ṭhiṭha hlan ah cawnpiak mi biafang zong an si. Chim tikah a thlum i theitu le dongtu ca ah thinlung damnak petu an si. Cutlukin a biapi mi biafang, man a ngei mi biafang nih a riahhnawh mi hna nun cu hmual a ngei, mi an lawmhter i mi thinlung ah an caam, nun an ei. Sinain lawmh hmang lo mi, thanṭhat hmang lo mi nun cu, mi nun ah a rocar, thinlung zong ah hmunhma an ngei tuk lo.

Conglawmh a biapit zia (the importance of appreciation) tialtu, Amy Powell nih, "Kai lawm tuk" biafang hi zeihmanh lote khi a si ko, sinain zeizongza a pek khawh," a ti. Phun dang in kan chim ahcun, midang cung ah kan i lawmhnak, kan cung ah an i lawmhnak langhter tikah hmurka tha le awka tha a/kan pek tikah, thangthat tikah an nun kan thlen khawh, an khuaruah kan thlen khawh. Gblassdoor kherhhlainak tuah ning bang cun, mi fakthiam le lawmh thiam mi rianngeitu (boss) riantuanpiak cu zatuak 80% nih an huam. Rian kong ah tlolh lo in conglawmh thangthat le fak kan ton tikah, kan thanuam, kan thinlung a nuam i rian zong kan tei deuh, tiah zatuak 70% nih an chim. Cucaah tangka nakin mi va lawmh thiam, va thangthat le an tuah mi hngalhpiak hi mi nun lawmhtertu, nun cawmtu a si deuh an ti. Zeitluk in dah mi na thangthat, na cawican le chimthiam a biapit mu! Mithmai tha zong kan pek hna lo, biakam zong thihta in kan leh hna lo le hel nawn in mi kan chawnhbiak hna tikah, a kan chawnbiatu thinlung a nuam ti lo. Kan cung ah zei sualnak an tuah lo zong ah an i phuhrung cang. I phuhrunnak an ngeih cang hnu ah cun a kan ngamh ti lo. A kan ngam lo rawh hnu ah cun kan pahnih karlak dawtnak le riantuanti khawhnak a har tuk cang. Hi ruangah The Magic Word for Business Growth Report zong nih rianngeitu (boss) nih thangthat conglawmh le fak lo ruangah UK ram riantuantu zatuak 40% cu an zaangtlung lo, rian chuahtak zong an um a ti.

United Kingdom (UK) ram thil cang zoh tikah, chawnhbiak thiam lo le chambau ruang ti khawh a si. Conglawmh, thangthat le chim thiam hi chawnhbiak pakhat a si. Chawnhbiak thiam mi nih thinlung a damter, lungretheihnak a zorter, mitku a thawtter pin ah, anmah hrimhirm zong an tuan hawi sin ah chim thiam an tong. Mah i zumhnak an ngei deuh. An lungsau, an thinfual, tinh mi tha tein an ngei i cu lam ah an kal kho deuh an ti. Catial thiam pakhat Fred De Witt Van Amburgh nih cun, "Mi conglawmh le fak caan hngal lo, thiam lo mi nakin a sifak deuh mi an um ti lo," a ti. Thinlung dihlakin mi a conglawm kho mi hi mi nun rum an si. Minun-rum nih cun mi nun a cawm khawh. Ngaihchiat caan ah a hnemh khawh, thader caan ah thazaang an si. Cubantuk minung nih mi pakhat a nicaan hmannak a thlen khawh lawng hmanh si lo, a nun tiang hmanh a thlen khawh. Cu a can khawh nakding ah na hmurka, lei le dang te kha a herh mi cu a si ko, tiah Margaret Cousins," a ti. Hmur le ka, lei le dang kan ti tikah, kaa pahle (lip service) sawhsawh khi chim duh mi a si lo; thinlung chung in a rak luang mi conglawmhnak kha hmurka in chimphuan a herhnak kha langhter duh mi a si.

Biaknak lei in chim zong ah Pathian nih a kan duhpiak mi a si. Salm 50: 23-Lunglawmhnak chim hi keimah upatnak thawinak cu a si," a ti. Alice Walker bia bang, "Lunglawmh biachim thlacam hi a sung bik le ṭha bik thlacamnak a si. Kan lungchung lunglawmhnak le toidornak langhtertu zong a si." Hi Baibal cacaang zoh tikah, Pathian nih a vel a kan hrawmhnak, a kan dawtnak le thluachuahza a kan ṭhumhthlak mi ruangah a sin lunglawmh biachim hi a kan duhpiak mi a si a lang. Kan tuah awk le chim awk zong a si fawn. Hi rian a pemhtu Khrihfa hna kan pa bik Martin Luther kha, nikhat ah suimilam 2 nak tlawmlo hi sual ngaihchihnak le lunglawmh chim thlacamnak in caan a hmang ti si. Martin Luther bia tlaih, "Pathian sin lunglawmh thlacam a hmang lo mi cu, Pathian thluachuah zei a rel lo mi an si," a ti. Cucaah, nunnak thaw hlanh kan sinak, kutke tlamtling, pum tlamtling pek kan si ruangah siseh, chiaṭha lang loin a kan thuamtu a si ruangah siseh, ṭamhal lo khimso tein a kan chiah ruangah siseh, a zawfak mi lakah a dam mi le a ṭap aihram mi hna lakah ai lawm mi a kan siter ruangah siseh, rel cawklo thluachuah a kan hrawmh mi ruang zong ah, "Pathian kai lawm tuk" tiah, chim lo awk ṭha lo khi kan si. Phun dang in kan chim ahcun, Pathian leiba kan bat mi lian cem cu "lunglawmh biachim" hi a si.

Chungkhar khuasaknak zong ah conglawmhnak, lunglawmhpinak, thangṭhatnak le cawisannak hi a biapi fawn. Nu le va karkhuah sinak ah siseh, fale he pehtlaihnak hlei pakhat zong a si. Kannih Laimi cu nupile nih an tuah awk, fale nih an tuah awk, pasalle nih an tuah awk ti'n rian kan i phaw hna i, kanmahle rian cio teimak in kan tuahṭuan mi cung ah i lawmhpinak, i lunghmuihpinak kan ngei lo. Lunglawmh chim zong kan hmang fawn lo. A rian pei si cu timi lungput kan ngei. Hi nih khat le khat i hmaizahlonak, theihthiamlonak, tlaihchanlonak tiang a hrin. Taktak le ngaite ti ahcun, kanmah le rian cio ah i lawmhpi, thangṭhat le lawmh biachim ding khi a si. Tahchunhnak ah, khimso tein din-ei awk tirawl chuanpiaktu kan nupile/nule cung ah, thaw tein rawl na kan chumhpiak i kan pawkhim, kan i lawm. Pathian nih thluachuah in pe seh, tiah hei ti hna usihlaw, zeitluk in dah a vai dawh hnga? Kan nule/nupile zong zeitluk khin dek an vai i lunghmuih hnga mu? Cubantuk ṭhiamṭhiam in ngakchia nih an herh bik mi hi conglawmhnak (appreciation) a si. Ningtak hngalh thiam (scientist) hna nih, ngakchia hi kum 8 an ti cun an nunchung vialte an cawn hnga ding zatuak 60% an cawn cang. Cucaah a ngakchiat liote hrimhrim in na fale na conglawmh thiam hna a herh. An thil tuah mi ah na lawmhpi thiam hna le thangṭhat hna a herh an ti. Thangṭhat kan timi cu, na fale an tuah mi ṭhatnak, an i nunpi mi ziaza dawh cung ah na lawmh hna, na chimthiam hna khi a si. Sianginn camipuai in a awng i, ka fa na thiam tuk, kai lawm tuk. Pathian nih fimnak, nundamnak le thluachuah in pe seh, ti'n lawmhpi hna law, na fa thinlung zei a va lawh hnga?

Ka hnihkhatte lawmhnak kan langhter mi hmanh khi tharul chuah in kan ṭan mi nakin a sung deuh mi a si caah, na fale thangṭhatnak nih mah le mah zumhraihnak a pek hna. Khurkhuaruah na cawnpiak le nun man ngei (value) a si zia, nun santlai a si na hngalhter hna zong khi a si. Daithlannak zia a ṭhinhter khawh fawn hna. Thil ṭha an tuah mi hngalh khawhnak na bawmh hna le anmah le anmah sining i cohlan khawhnak na pek hna zong a si. Cucaah na fale nih teinak, hlawhtlinnak an tinco tikah, conglawmhpinak na pek ahcun a nun ah hlawknak thil na pek a si ko hnga. Thil na cawkpiak lo, na pek hna lo zong ah na hmurka in lawmhpinak nunzia na langhter ding a biapi. Fale zong nih nu le pa sin lunglawmh biachim kan chambau tuk. Keimah telh in! Ka nu le pa na si hi ka vanṭha, kai lawm tuk, kan dawt tuk hna, tiah anmah hnatheih hngan ah kan nu le pa a timi kan um hnga maw? Facebook ah cun hringtu pale le nule ni caan ah kan bia an thlumal ngai. Ka nu le pa kan dawt tuk hna, Pathian nih thluachuah in pe ko hna seh, tiah duhsaknak tampi he an ti ko hna. Sihmanhsehlaw hmaitonh tein, an hnatheih hram ah a ti mi cu kan tlawm ko lai dah? Kan dihlak nih nan ka hrin caah kai lawm, sianginn na ka kaiter caah kai lawm, thilpuan fenhaih dawh he na ka thuamh caah kai lawm, khimso tein na ka cawm caah kai lawm, nan fa ka si caah kai lawm, tiah kan ti khawh hna ahcun, nu le pa tha a nuam ko lai. An i lawmhnak mitthli a tla ko lai. Cu bantuk lunglawmhnak (attitude of gratitude) kan langhter ahcun fale ca ah nun an peknak, ṭuan retheihnak le pumpeknak ah thazaang ngaingai a si hnga. An nun ah bia tampi a chim lai caah, an nun ah lawmhnak ni a tlang ko lai. Cu si loin, nai ceih, nai thlak, keimah nawl, tiah bo nawn in kan leh hna tikah, ka fale nun ah hringtu nu/pa ka sinak hi man a ngei lo ti'n hlawt mi ah an i ruat tawn. An in dawt tuk ko zong ah na bia dawhcah lo ruangah na nun ah an i thlak ngam tuk ti lai lo. A sullam cu nan karlak ah ṭihnak vampang ai chong. Hi thil ai thawhkehnak cu conglawmhpinak kan rak chambau ruangah a si (Pehtlaihnak tlangpi tang ah tam deuh in ka langhter).

      Cun bu rianṭuannak ah maw, cawlcanghnak ah maw, lentecelhnak ah na hawinu na hawipa na conglawmh, na thangṭhat le chimthiam ahcun cucu nan thazaang, teinak hmanh an hmuhpitu hna a si kho. Tahchunhnak ah, lentecelh zuamnak, pumpululh chuihnak ah, midang phu nih kawl (goal) 3 in an in tei hna hnga. A tla (sung) lei nan si tikah nan kawlbawh (goal keeper) a thachia ngaingai lai. A hawile nan dihlak hmaikhahlonak nih a thazaang a zorter chin lai. Ṭihphannak in a khat cang lai. Amah lawng si lo, a chuih mi a hawile dang zong thachia in ṭan a chuah kho ti lo mi, a zaangtlung ti lo mi nan um kho. Cu bantuk caan ah cun forhfialnak thazaang, conglawmhnak le thangṭhatnak (praise and appreciation) hi a herh tuk. Keimah ruangah kan tla (sung), tiah a ruat mi pa ca hrim ah a herh. Zeicahtiah amah le mah thiam lo ai cohnak nih a thinlung hma a ngeihter khawh. Cun amah ruangah a si timi lungput a keng mi zong nih mawhphorh mi pa cung ah thinlung diklo a ken khawh. Cubantuk lungput le ruahnak ruangah hmailei lentecelnak ah telpawl ngamlonak tiang a pek khawh mi si. Sinain nangmah pakhat nih, a poi lo, tlak (sungh) caan um phung, cah (awn) caan um phung; a tla (sung) mi um lo ahcun a cak mi um khawh a si lo.

Aho nan palh hmanh a si lo, kan dihlakin kan thiamnak dihlak, kan ṭhawnnak dihlak kan chuah dih. Kan si khawh tawk in kan ṭang dih. Nan thiam lo a si lo, nan thiam tuk ko, tiah na thangṭhat, na chimthiam hna le thazaang na pek hna ahcun, na chuihpi hawi dihlak thinlung na laak dih, na tei dih khawh. Cucu forhfialnak le thangṭhat cawisannak a biapitnak a si. Cucaah nifatin na nunnak ah mi a lawmhpi khotu, a thangṭhat khotu na si ahcun, mi thinlung a tei khotu bik na si tinak a si.

Zohchih:

> The importance of appreciation, Amy Powell, Exposing Wonderland.

4. Zumh Awk Tlak Sinak

Minung khuasaknak, hawikomhnak, chawlehthalnak, zatlang rianṭuannak le bu rianṭuannak ah a herh bik mi cu, *"zumh awk tlak"* sinak hi a si. Zumh tlak sinak ngeih lo cun zei rian hmanh ah ning a ṭi. Hawi he pehtlaihnak zong a fekfuan kho lo. A ngaite ti ahcun hawi he pehtlaihnak a cah le a dongh tawn zong hi lunghrinhnak a um caah le zumh tlak si lo ruangah a si. Danish nih phung an thluk mi cu, "I zumh lo le lunghrinh hman cu hawikom ca ah sii-vai (poison) a si," an ti. Minung nih tuar mi zawtnak lakah a fak bik mi hi, cancer a si lem lo, zumh lo mi si le lunghrinh mi si hi a si. Lunghrinh ka si ahcun thinlung a nuam ti lo, hna a ngam ti lo cu mu. Zumh lo mi ka si ahcun hawi sin zong ah ka tlumtla ngam ti lo. Mithmai a dul. Zumh lo mi kan si ahcun, biatak kan chim caan hmanh ah a kan zum kho ti lo. Zei thil tuah hmanh ah mi nih zumh ti lo mi si cu kan thil tuah mi zong ah lungthin tak kan chuah kho ti lo. Kan limhaang a zorterchih. Kan tuanbia hlun vialte a hrawh dih. Nun ning thar in ka nung lai van ti zong ah a kan zum kho hlei ti lo. Indonesia phungthluk ah, "Mi zumh tlaknak kan thlau a si ahcun, fawilang in hmuh nolh, ngeih nolh khawh a si ti lo," an ti bang, lunghrinh le zumh khawh lo mi kan si ahcun, kan chanchung hmanh ah kan hmu kho ṭhan ti hnga dek maw? Cutluk cun zumh lo mi sinak nih mi nun a ṭemṭawn.

Globalization chantiluan tihrah nih kan duh zong duh lo zong ah a kan fenh hnu in kan vawlei hi a deu thil nih a chiatchuah ning zualhma khun in a lang. Sianginn ka kai lio ah kan saya pa Denis Niwale nih a chim bal mi cu, "Tuluk nih rawl einak saruh kheng a ser tikah a ser mi saruh kheng in pakhatkhat a chehnak. Kheng a kuai ahcun a ṭha, a kuai lo ahcun a thar in a ser ṭhan," a ti. Langhter ka duh mi cu, mah karkalak i huinak mit lawng kan au cang caah, rinhchanh tlak thil a tlawm cang. Rinhchanh tlak thil a tlawm tikah zumhlonak a karh. Kan vawlei hi lunghrinh zawtnak in a zaw. University of Minnesota Extension kherhhlai ning ah cun, vawlei hi zumhlonak in a khat chin lengmang caah, khoika ram hmanh ah zumh tlak mi (trustworthy) an tlawm i, mi kan i zum kho ti lo. Brazil ram hna khi zoh hmanh u, fawizaang in mi an zum kho lo, cucaah zatuak 10% ceo nih midang cung ah zumhnak ngeih khawh a si ko an ti. Culio ah Norway mi zatuak 70% nih midang zumh an tlak ko an ti. Cun US mi zatuak 30-40% nih midang zumh tlak an si ko, kan zumh khawh ko hna an ti," a ti. Khrihfa ram kan timi hna zong zeihlei an si lo, lunghrinhnak le zumh lo zawtnak nih a zawtpichih hna. Kanmah Laimi lila kan zawtnak fak bik zong zumh tlaklonak a si. Cu zawtnak thlopnak sii cu, keimah thengte hi zumh tlak mi ka si a herh i, nangmah zong zumh tlak mi na si a herh. Zumh tlak mi ka si a herh timi ruahnak le lungput na ngeih, ka ngeih ahcun biatak a au lai, a leng lai i kan zatlang nun a dam ko lai.

Kan baibal chung Mathai 25:14-28 ah, bawi pakhat innchung rianṭuantu pathum kong kan hmuh. An bawipa nih zumh ngamnak he rian a khinh hna, sihmanhsehlaw minung pakhat cu zumh tlak a rak si lo. Zumh tlak a si lonak nih a chuahpi mi dantatnak a in zong kan hmuhchih. Sinain zumh tlak sal pahnih hna cu an bawipa nih a lawmh hna i, thil hmete ah zumh an tlak caah thil biapi zong ah a zumh ngam cang hna. Phun dang in kan chim ahcun, a tuah mi vialte, a ngeih mi vialte kha a hmuhter hna i, a lungchung saduhthah tiang a chimhruah hna. Minung hi kan zumh mi hna cu kan bochan ngam hna. Bochan ngam mi he um cu hna a ngam i thinlung zong a nuam. Kan zumh mi sin lawng ah kan thinlung kan chiah ngam. Kan ngaihchiatnak, kan lungfahnak le kan lunglawmhnak tiang chim in thaw kan i chuahnak zong an si. Cu bantuk ṭhiam in kanmah lila zong a kan zum kho mi le a kan bochan ngam mi he um ahcun ral a ṭha. Kan lung zong a ṭhawng deuh. Zeicahtiah, kan i zumh ngamnak le bochannak nih i upatnak a chuahpi, khat le khat hmai i zah, i upat ahcun ṭhatnak tampi a chuahter.

Nihin Laimi kan zatlang nun hrawktu bik hi zu le sa a si lo, zumh tlak si lonak hi a si. Kan cozah zong zumh a tlak lo. Kan khuabawitlang pawl zong zumh an tlak lo. Biaknaklei kan hruaitu tampi zong zumh kan tlak lo tikah, ziknawhnak a karh, eihmuarnak a karh, dehhlennak a tam. Cun zumh tlaklonak nih a hrinchih mi ṭhatlonak, lihchim, congoih, kongceih, mi zei rello, thleidannak, namnehnak tbk tiang a chuahpi. Hi vialte hi kan Khrihfabu, a bu rianṭuannak ah siseh, chungkhar khuasaknak ah zumh tlaklonak a luh tikah a chuak. Muthlir in chungkhar kan char a si ahcun, zumh tlak si lonak le lunghrinhnak nih chungkhar a kehkuaiter. Nupi nih a pasal cung ah zumh a tlak lo tikah, pasal nih lunghrinhnak a ngeih tikah buainak a chuak. Hi lunghrinhnak hi, tangka kong zong a si kho, pacung pa duhnak zong a si kho, a pasal theih lo in thlithup thil a tuah mi a um ruang zong a si kho. Chungkhar nuva karkhuah kar ah cu bantuk thil a um ahcun a poi tuk cang. Sinain zumh tlak tein nuva karkhuah an umṭi le khua an sakṭi tikah, dawtnak a karh, remnak a leng. Chungkhar a nuam i innpa chakthlang le mising tiang nih palkai ngam mi an si. Cucaah Salvation Army dirhtu William Booth le a thaisung Catherine Booth nunnak hi cawn phu a si ko rua tiah ka ruah. Annih pahnih cu chungkhar an dirh bakin biakamnak pali an ngei: pum khat kan si cang bantukin tangka bawm pakhat kan i hrawm lai; zeitik hmanh ah milengkai um lio le kan fale mithmuh le hnatheih hngan ah awka hrang in kan i chawn lai lo; kan karlak ah lunghrinhnak kan ngei lai lo, zumh tlak si kan i zuam lai; kan karlak ah thuhnawh mi biathli kan ngei lai lo, an ti i thih tiang an zulh ti si. Anmah bantuk biakam cung ah zumh tlak mi le a zul kho mi si kan herh.

Cu bantuk zumh tlak mi hna tahfung tampi lakah zumh awk tlak nih a tuah awk le a hrial awk ti'n:

- ✓ **Congoih a hrial**: Tluang tein biaruah le lairel cu a duh; sinain mi pakhatkhat kong, a rianṭuan hawi kong maw siloah midang thangchiat soiselnak kongceih cu a hrial, ai sum.

- ✓ **An hmur a sau lo:** A hawinu/pa he chimphuan lo ding biaduup an ngeih mi himter khawh ai zuam. Phun dang in kan chim ahcun, chim ding mi le chim lo ding theidan a thiam, kaa-cip le kaa-aan caan a hngal. Mibiaduh a si lo, mihmursau zong a si lo.

- ✓ **Palhnak a cohlan khawh:** Thil sual a tuah caan, palh caan a ngeih tikah, thulthal lo in a cohlan khawh. Phetchemnak le phehthuhnak lungput a ngei lo.

- ✓ **Titer an hmang lo**: Zumh awk tlak minung cu mi hmai zohchiat lai phan le hmaikhah lo ruangah i titer an hmang lo. Phetchem le zelphet cu a nunnak he ai kalh. Phun dang in kan chim ahcun, a sa lo an chem lo, an kih ahcun an kik lawlaw, an lum ahcun an lum lawlaw.

- ✓ **Biakam let an hmang lo**: An chim mi cung ah zumh an tlak i an chim bia kha tuahsernak in an langhter. An tuah lo ding mi kha biakam an hmang lo.

- ✓ **Mah minthan duhnak mit lawng a au lo**: Minung kan si bantukin kan tling lo, chambaunak kan ngei i, bawmhchanh a hau ve mi kan si ti an hngalh caah anmah tuahsernak le cawlcanghnak thawngin a si lo mi min\ṭhatnak i lak (steal) an hmang lo. Thil a tlamtlin khawh mi cung tu ah lunglawmh biachim an hngal.

- ✓ **Mi soisel le zuamhtaih an hmang lo**: A mui zohnak in minung biachahnak a tuah lo. Rianrang in biachahnak zong an tuah fawn lo. Mi zei poh a komh khawh i zuamhtaihnak ngei loin hawi ah a ser khawh hna.

- ✓ **Lihchim a hmang lo**: A theih mi thil dik kha a chim, a dirpi. Theihfian lo mi kha a theihngal ngang in chim a hmang lo. Lihchim in mi a deuh hna lo, bia dik tu kha ṭihnak ngei lo in a dirpi ngam.

✓ **Mi dehhlen a hmang lo**: Thil dik lo thuhnak ah mi dehhlen a hmang lo. A siningte in fianghlang in a chim ngamtu a si.

5. Toidornak

Vawlei cung holh biafang vialte lakah mi nih ei khawh lo bik mi, hna (ears) ah a lut kho lo bik mi le ninghngal bik mi hi mirang nih "I" an ti mi khi a si an ti. "I" cu amah pi lawng pak ual in a dir. Ahohmanh ka herh hna lo, kai za, ka tling, keimah ke in ka dir kho ti khi si. Cu bantuk lungput le ruahnak cu "phorhlawt ruamkainak le uanthlarnak" kan ti mi cu a si. Minung nih hin "phorhlawt thiang le ṭhalo" ti'n kan ngei an ti. Phorhlawtnak thiang le ṭha (authentic pride) ti mi cu kan tuah mi cung ah i lungsi khawh khi a si; sinain kan minung sinak i phorhlawtpi (hubristic pride) cu a thiang ti lo. An pahnih in ai lo mi an lo nain, ai khat lo. An rianṭuan ning zong dannak a ngei. Phorhlawtnak thiang nih hmuitinh mi lei ah a kan tlikpi i, hlawhtlinnak kan hmuh tikah kan i lungsi kho, kan hmai a kan hngalter. Kan tuahser mi cung ah ningcang tlaihnak a kan pek i, dirhmun pakhatkhat a kan phakter tikah lawmhnak a kan pek. Sinain phorhlawtnak thianglo nih cun midang ruahnak le bawmhchanhnak a cohlan khawh lo caah kanmah siseh, kan pawngkam le kan chungkhar tiangin harsatnak a phakter. Midang zohchuk le namneh a hmang. Kan hlawhtlinnak le thiamnak kha mi tahnak ah hmang in mi zeirellonak a chuahter. Langhter ka duh mi cu, phorhlawtnak nih a chuahpi mi dawnhkhanhnak, nun ṭemṭawnnak le toidor nun hmual ngeihnak a si.

A cung kan chim cia bang, kan tuahser mi cung ah i lungsinak, uanthlarnak kan ngeih tikah, nun thlennak lamlei ah tampi a kan hruai tawn. Tahchunhnak ah, kan rian ah siseh, sianginn kan kainak ah siseh, i lunghmuihnak kan ngeih tikah dirhmun ṭha ah a kan chuahpi khawh. Kan duh ning le tinh ning in thil a kal lo le tluan lo caan zong ah lungsinak (pride) kan ngeih ahcun lungdonghnak kan tei khawh. Kan tuah mi thil ah upatnak le duhnak a kan ngeihter. Chungkhar sinak ah ilungsinak le diriamhnak kan ngeih tikah teirialnak le dawtnak he kan zohkhenh khawh hna. Sihmanhsehlaw kan minung sining siloah sinak (who we are) kan i phorhlawtpi tikah mi zeirellonak a chuak. Hawi he kan i kom kho ti lo. Toidornak ngeih lo ahcun mah duh ning in thil kal peng seh timi ruahnak kan ngei i, cucu kan zatlang nun ah a poi ngai tawn. A hlei in ruamkai phorlaw mi nih khua le ram a uk tikah, a hruai tikah zatlang nun a filter khun; sinain mitoidor nih ram a hruai ahcun, remdaihnak a leng, khuatlang ah dawtnak a leng.

Vawlei cung miroling hna tuanbia zoh tikah mitoidor lawngte an rak si. Baibal ah Pathian nih mitoidor cu vel a ngeih hna i a cawisan hna, sihmanhsehlaw miphorhlaw cu a ṭhumh hna a ti bang khan a si taktak. Roling tuanbia ṭialtu hna, sal luatnak darkhing tumtu Abraham Lincoln, Khrih Thawngṭha bia in vawlei khupthal lettu DL Moody, ngeihchiah chawva tampi dih in a theihhngalh bal lo mi miphun le ram ah kingro ngakṭah, sifak le damlo a cawm i a zohkhenhtu Mother Teresa, amah nunnak tiang liam in mi nunnak a chanhtu Arland Dean Willliams Jr,..tbk tampi nihin vawlei nih a philh khawh ti lo mi an um. Cu bantuk minung pawl philh khawh an si lonak hi "toidornak" lungput an ngeih caah le, cu toidornak nih a chuahpi mi an keneh a hmunh caah a si. Budhish biaknak nih a huat bik mi le a fih bik mi hi lai va nawn, mi va tlaihhrem khi an si lem lo, thinlung in ruamkai phorhlawtnak ngeih hi minung nunnak hrawktu siivai (poison) a si an ti caah an duh lo bik mi a si an ti. Hiti kan chim tikah, lainawn le tlaihhrem tha kan pek tinak a si lo, ruamkai phorhlawtnak nun nih a chuahpi mi an si deuh tawn caah cu ṭhat lonak (evil) a chuahpitu siivai (poison) hrawh hmasa a herh an tinak kha chim duh mi a si. Sualnak vialte a hringtu nu a si caah mi dang zeirel lonak hrampi zong a si i, cu lungput le ziaza nih kanmah nunnak lila cung ah harnak a chuahpi ṭheo. Zeicahtiah phorhlawtnak nih huatnak (hatred) a chuahpi i huat mi ngeih cu sal tannak a si. Kan huat mi sal kan si tikah cu huatnak nih nun sivaang in a kan tuah.

Cucaah John R. W. Stott nih cun, "Phorhlawtnak hi ṭihnung bik kan ral si sehlaw, toidornak hi kan hawikom ṭha bik si seh," tiah a rak ti bal. Hihi mikip kan thinlung put si sehlaw, khat le khat entainak a um hnga lo i, mi vialte hi dawtnak le zawnruahnak nih a kan funtom dih ko hnga. Kan thinlung tlang sannak le ruamkai phorhlawtnak nih palhnak ngei lo ah a kan chiah caah toidornak a kan ngeihter kho tawn lo i, khat le khat kar ah ral kan ser lengmang hi a si. Kan miphun chung ah kan riantuannak le innchungkhar tiang ah buaibainak, harsatnak a tluntertu bik zong hi thinlung tlang sannak a si. Cucaah Augustine le Aquinas bang nih cun, "sualnak vialte an hrampi hi 'phorhlawtnak' a si an ti phah. Vawlei uktu Satanpa van in thumhthlak a sinak zong hi "thinlung tlang sannak, ruamkai phorhlawtnak" a ngeih caah a si. Phun dang in kan chim ahcun, sual thawhkehnak hrih le hram hi "thinlung tlang sannak, ruamkai phorhlawtnak" a si. Minung tluuknak zong hi phorhlawtnak a si (Phungthlukbia 3:34). Cucu Pathian nih a duh lo bik mi le a huat bik mi zong a si. Cucaah Pathian bia Baibal nih zeitlukin dah toidornak a biapi zia hitihin a kan chimh:

- ✓ Pathian hmai kan chuah nakhnga (1Pet.5:6)
- ✓ Pathian kamh mi conak a si (Mat.5:5)
- ✓ Pathian nih cawisannak le hlorhnak a si (Jeim 4:10)
- ✓ Khrih he uktu hawi kan si lai (2 Tim.2:12)
- ✓ Khrih kan ca ah toidornak he a rat i thihnak tiang a in bantukin hnu zulh awk keneh chiahpiak mi a si (Phil.2:5-11).

Baibal chung hmun dang kan zoh tikah Pathian nih miphorhlaw tampi a thumh hnanak kan hmuh. US President hlun Abraham Lincoln nih, "Mi pakhat a ziaza, a sining taktak hngalh na duh ahcun sithatnak le nawlngeihnak va pe," a ti bang, Uzziah zong Pathian nih Judah siangpahrang luchin a chin tikah a minthang, mi vialte nih an upat an hmaizah i ram kip ah chimthiam le cawisan a hung si. Nain cu a minthannak le nawlngeihnak nih thinlung tlangsannak, ruamkai phorhlawtnak a ngeihter tikah Pathian nih a thumh (2 Chan.26). Keimah hlei in timi lungput he ruamkai phorhlawtnak in Judah miphun zei a rel lo mi Haman thihlohnak (Esther 3-7); Pathian nih a sunparnak langhtertu ding ah dirhmun sang ka phan kho ti hngal lo le Pathian pek mi nawlngeihnak hmang in a sersiam mi khua le ram vialte amah fimthiamnak le thil ti khawhnak in ka ser, tiah phorhlawt ruamkai in amah le mah ai chal mi Nebuchadnezzar (Daniel 4),..tbk hna ton mi kan hngalh dih. Cu rualrual in mi nih zei rello mi David a cawisangtu le hlorhtu Pathian a sinak zong fiangte in kan hmuh fawn. Toidornak hi Pathian duh mi nunzia a si.

Nihin ah cun toidornak hi hlan phung ah kan ruah cang. Khrihfa hmanh nih toidor nun cu kan i harh. Pathian chiti thuh mi kan ti mi hna Khrih tuukhal (pastors) hmanh hi thinlung tlangsannak nih caan tampi cu a thluk tawn hna. Keimah pumpak hmuhton mi chung in, Baibal sianginn ka um lio ah, Khrihfabu chungtel tampi a ngei mi pastor pakhat nih ca a kan chimh. Ca tuah ding (assignment) a kan pek i kan ap (submit). Kan hawipa nih a kan chimtu pastor min hmai ah "Rev le Dr" telh a philh diam. Cucu kan sayapa nih a duh lo i ca tuah ding fial mi a tuah mi zong a thlehpiak viar i hnawm dur ah a hlonhpiak. An cawnpiaktu pakhat ka si lawng si loin, Khrihfabu zong ah kum tam tuk pastor rian a ṭuan mi ka si. Zeiruang ah dah ka min hmai ah "Rev le Dr" na telh lo, tiah hmai zohlo bak in a rak ti. Amah lawng si lo, kanmah Laimi chung lila zong in minung pakhat Christmas Eve kan rak tuah lio ah Thawngṭhachim kan rak thiah. Sawmnak catlap ah a min fangpi lawng langhter a rak si i "Rev le Dr" kan telhpiak ve lo. Caan thawk a za tuk cang nain a muisam a det lo caah an va kawh i a rak thah deng hna. Mizei ah dah nan i rel i kei hi mizei ah dah nan ka rel ve? Zeiruang ah dah "Rev le Dr" nan telh lo, tiah hmai zohlo in a rak ti ve hna. Chim duh mi cu, sinak an ngeih mi nih ruamkai phorhlawtnak a ngeihter hna tikah, Pathian bia hmanh hmaizahnak a ngeihter kho tawn hna lo. Anmah lawng an si lo, caṭialtu telh in minung vialte kan si dih. Zeicahtiah, phorhlawtnak cu sualnak vialte a hringtu hna nu a si tikah, Thiang Thlarau bawmhnak tel lo cun toidornak ngeih peng hi a fawi lo.

Vawlei cung ah mitoidor bik ti mi ah, Mother Teresa le Arland Dean Williams Jr an i tel. Mother Teresa cu a thurhnawm mi ram, dawtnak le zaangfahnak a ngei lo mi ram, toidornak nih a chuahtak mi hna ram India ah va kal riangmang in "Home for Dying" "A thi lio mi hna inn" ti mi inn ah thinghmui, mizaw ngorfem, pum tamtlinglo, kingro ngakṭah le sifak tampi zohkhenh le thlopbul in Pathian rian a ṭuan mi a si. A thil tuah mi nih kan vawleipi khupthal a leh i, toidor nun zeidah a si ti a kan cawnpiak.

Arland Dean Willliams Jr zong zong hi vawlei khupthal lettu pakhat a si. 1982 January 13 ni ah, minung 74 phortu Air Florida Flight 90 vanzuanglawng Potomac rili ah a rak tlak lio ah mi nunnak chanhtu a si. Hi vanlawng a tlak ah hin vanchiatlei vanṭhat ah minung 6 cu an nungdam nain hliamhmapi he minung 5 a chanhchuahtu Williams cu a thazaang nih a tlinh ti lo i ti chung ah a pil, a nunnak a dih. Midang nunnak chanh in amah nunnak tu a liam. A tuahser mi thil hi toidornak nun nih a hrinchih mi tuahsernak a si. Miphorhlaw le ruamkai rak si sehlaw, a thi cuahmah mi minung pa kha a chanhchuah hna hnga lo. Phorhlawtnak kan ti mi cu mah lawng kha biapi ah i chiah le i thangṭhat khi a si. Cuti mah i thangṭhatnak le zawnruahnak lungput lawng kan ngeih a si ahcun, Pathian nih remrelh tein a kan kah khawh nakhnga, kan tukbukhur ah hmuiselnak a chiah khi a si, tiah Thomas A. Tarrants a chim. Zeicahtiah, Pathian nih cun miphorhlaw poh a ṭhumh i, toidor poh a cawisan hna. Mifel kher a ti lo, zumtu kher a ti lo, Khrihfa lak zong ah mitoidor cu a cawisan hna i miphorhlaw cu a ṭhumh ko hna.

The Journal of Management nih an hmuhchuah mi cu, rianṭuannak (company) ah siseh, a bu in rianṭuannak ah siseh, haotu nih sinak (haotu sinak) lungput a ngeih mi (uanthlarnak thinlung) kha a kutka hram ah a chiahtak zau i, a kuttang hna sin ah kal in rian a va ṭuanpi hna tikah pehtlaihnak ṭha a chuak kho. Pehtlaihnak ṭha a um tikah rianhma a kal kho deuh. Sinain phorhlawtnak nih cun mi pakhat le pakhat a hlatter hna i a ṭhencheu hna. Cutikah rianṭuantu karlak ah rian i bawmh duhlonak, i entainak a karh i rian kalning a der an ti. Zeitintiah, phorhlawtnak nih mi namneh in a fial chukcho hna lio ah, toidornak nih cun a bawmh hna, a bultawl hna. Phorhlawtnak nih mi hnu a chit, sinain toidornak nih mi a kawl. Toidornak cu kan ṭhawnnak, phorhlawtnak cu kan dernak. Toidornak nih cun mi a iap, thinlung le nun a ei i tlaihchantu a ngei, sinain phorhlawtnak cu mi a simh i hlawt mi ah a cang. Mitoidor cu amah le amah kha ai hngal i soiselnak siseh, chimhhrinnak a in khawh, a cohlan thiam i rumro loin minṭhatnak lak zong ai tim lo. Sinain miphorhlaw cu an dirhmun an i hngal lo. An thinlung tlangsannak nih an mit a cawtter hna, an hna a chehter hna caah, anmah minthannak le laarnak lawng kha an ruat i, an chambaunak le tlamtlinlonak an hmu kho lo; cucaah palhnak an ngeih tikah midang puh an hmang. Mitoidor cu chungkhar, rualchan, an hawikom le ṭuanhawi hna bawmhchanhnak siseh, ruahnak cheuh mi kha thil biapi le thil ṭha tuahnak kong ah lak khawh ai zuam; sinain miphorhlaw cu amah ruahnak kha pakhatnak ah a chiah i amah bia in bia tlu seh ti a duh.

Cun mitoidor nih cun a ton mi buaibainak le dawnhkhanhnak fawi deuh a tei khawh ti si. Mitoidor nih cun ral hmanh hmunkhat ah tirawl a eiter hna ti si. Zeicahtiah, kha pa nih khan pawngkam minung nun tampi a hip khawh, a ei khawh i, mi thinhunnak a daihter tikah remdaihnak a ser. Kan philh lo awk cu, toidornak kan ti mi hi, kanmah zei i rello khi a si lo; kutka hram ke hnawhnak (doormate) bantukin mikip nih va lamh le va hnur ding tinak zong a si lo. Mi zeihmanh hi tlukruang tein man ngeihnak kan ngei dih ti mi hngalhfiannak ngei bu in kan lung i ṭhumh tu khi a si deuh. Cucaah toidor nun hi mah nun remhnak ṭha bik a si an ti tawn. Zeitintiah, mi toi na dor ahcun remh hau mi nunzia na hngalh khawh lai. Cun nun an chimhringtu chimh mi zong fawilaang tein na cohlan khawh lai. Palhnak na cohlan i remh hau mi na nun remh duhnak thinlung na ngeih tikah, na chunglei nun a ṭhang lai, na thinlung a nuam lai. Zeitik hmanh ah amah orka diriamhnak lawng a tuak lo, pumpak puarthaunak lawng a ruat fawn lo, siaherhnak nun tu kha a ngei. Hnakkartenhnak le zawnruah zaangfahnak thinlung a keng. A tha a tlawm lo, a kut a tawi lo. A nung a hninghno i, thetse ramcar chung ah ngaidem ṭha a petu hluainim bor bantukin chungkhar, mibu (community) le zatlang nun ah thazaang ngaingai an si pin ah, mi zohchunh tlak an si.

DAL LINAK

Ṭhanchonak Dawntu

Ṭhanchonak ti mi ahhin phun tampi a um ko lai, dawnkhantu ti mi zong ahhin anmah le ṭhanchonak ningzulh in dawntu thil tampi a um ko lai. Ṭial mi cauk ah manh bik pakhat a si mi You Can Win ti mi ṭialtu Shiv Khera nih cun ṭhanchonak dawntu hrampi 20 an um ti'n a langhter. Cu hna lak ah, ton sual ding harnak maw, vanchiatnak phannak, lung tawinak, harnak tel loin a nuam mi le a fawi mi lawng duhnak, Vom chu zat lung ngeih, lamphawk lawng kawl, hakkauhnak, tinh mi le timhlamhnak ngeih lo, chimhhrinnak huat, ṭihphannak, pahrang i hngalh lo, dingrep ngeih lo le mah le mah niam tuk in i hmuhnak hna an i tel. Hi hna pin ah a dang dawnkhantu tampi an um lai, chim cawk hmanh a si lai lo. Cucaah mibing ṭhanchonak siseh, zatlang nun le bu rianṭuannak ṭhanchonak dawntu a si ko tiah ka ruah mi tete ka van thim.

1. **Lamphawk Nun**

A Fawizaang Mi Lam Zulh: Hlawhtlinnak lam hi sui in phah mi lam a si bal lo ti cu, chim hau lo. Mihlawhtling na ti mi hna tuanbia khi zoh law, phut tiah hlawhtling an um lo, temtuarnak le harsatnak ton cikcek hnu ah hlawhtling mi an si. Hlawhchamnak hi a donghnak tluknak a si lo ti a hngal mi cu an tluk zong ah an tho lengmang, lungdonghnak ah an hmang lo. Zoh law! US President hlun minthang Abraham Lincoln kha ruat hmanh. Kum 21 a ti ah chawhrawlnak ah fak tuk in a sung; 22 a si ah US phung (upadi) sertu thimnak ah a sung; 24 a si ah chawlehthalnak a tuah mi fak tuk in a sung hoi; 26 a si ah a dawt tuk mi a nungak nih za-mual a liamtak; 29 a si ah Party biachimtu ai cuh nain a sung; 34 ah a tang hlutthaw (lower-congress) ai cuh nain a sung ṭhiamṭhiam; 37 ah cun a tang hluttaw (congress) ah a tling, sinain 39 ah a sung ṭhan; kum 46 ah a cung hluttaw (Senate) ai cuh i a sung; 47 a si ah Vice President ai cuh i a sung; sinain lungdong lo tein a um i kum 51 a si ah a voi 16th American President ah an thim. Bia roling a chim mi cu, "Duhsah tein ka kal nain zeitik hmanh ah hnulei ka pil bal lo," a ti. Hawi bantukin fimcawnnak sang a kai kho a si lo, amah pumpak zuamnak tein President tiang teirial mi a si. US President ṭuan caan rel ning in Term khat a ṭuan, an tuanbia ah miroling bik pakhat ah ai chuah.

Mihlawhtling vialte khi an dirhmun an feh cia ruangah a si lo. An thiam hlei ruangah a si fawn lo. An ngeihchiah nih a pek hna ruang zong ah a si hlei lo, teirialnak lungthin he harnak an pahchih ngam caah a si deuh. Cun thil lianngan an tuah lem lo, thil fate tu kha ṭha tein an tuah caah a si. Thal kah na duh a si ahcun likuk na hnuh/dawh a hau, cu bantuk cu nunnak zong hi a si. Hmailei fon nakding, karhlan nakding ah hnukdoktu thil tampi harsa ngai in pahchih a herh mi an um. Harnak hi tluk thainak si loin hlawhtlinnak thahrimpi an rak si hngalh thiam a rak biapi tuk. Sinain ṭihphannak in nai lak i pahchih ngam loin na chunmang na ngol ahcun caan na hlohthlau sawhsawh a si. Na hlawhchamnak hmun in thapet rengh, bantha rengh i rak hmuhton cia hmangin hmaifonnak lam chimtu tu ah hman ding khi a si. Hlawhtlinnak a nu le pa hi nuamhnak le lawmhnak an si lo, temtuarnak le harsatnak an rak si. Nuamhnak le lawmhnak cu an fale siloah a theipar tu a rak si. Cucaah tinh mi kawltung lei na tlik lio ah hnupil a herh caan tampi ko lai. Lam caan sau deuh kal a herh caan tampi lai i fawite in zulh khawh thluahmah mi lam nakin mah tein i sial chom, hling bur le bua lakah hreitlung, namtong le tuhmui he pahchih a herh caan tampi ko lai, sinain cu bantuk lam cung ah hlawhtlinnak a um ti ruahchih a hau. Cu si hlah seh, cu tluk harsatnak le retheih tuar a hau mi lam cu an zul duh cio hnga lo, sinain khoika hmanh ah zulh a phu mi lamphawk a um lo ti a hngal mi miteima nih cun hnek duhnak lungthin he an zulh i a donghnak ah theipar thlum an zun.

Bible Biakam Thar chung thawngṭha cauk Matt. 7:13-14 ah kan hmuh mi cu, "Kutka bi chung ah cun lut tuah u, zeitintiah Hell ah a kal mi lam cu a kau i a fawi i mi tampi nih an zulh. Nunnak a phan mi lam cu a har i a kutka cu a bi i a hmu mi cu tlawmte lawng an si," a ti. Hi cacaang nih a fawi mi lam poh zulh a rak ṭha lem lo, a nuamhnak hmun poh zong kan ca ah a rak ṭha fawn lo ti a fianh.

Khrihfa biaknak zong ah fawi tuk in Jesuh zulh le nun nuam tuk in Pathian biak hi bible nih a kan fial mi a si lo. Jesuh hnuzultu diktak tahnak cu harnak tuar buin a vailam tung put a si. Kannih Laimi tu cu biaknak zong ah siseh, vawlei lei zong ah siseh, pawcawm kawlhawlnak zong ah siseh, intuarnak a um lo mi, harnak zeihmanh um loin a nuamh khawh chung nuam in nun kan i tim. Pawcawm kawlhawlnak zong ah rian har nakin rian fawilaang mi ṭuan ai thim deuh mi kan si. A tuar hmasa, a ing hmasa si kan duh hoi lo. Mi dang thisen theipar zun cia, mi dang thlanti theipar ei a bawh mi kan tam. Kanmah nih caan lak rianmang in rian kawl kan zuam lo. Kan hawile an ṭuannak hmun ah rian lawngkaang um caan kan bawh. Rian ṭha hmuh cu kan duh, sinain kan kawl huam lo hlei ah, kan theihhngalh hawikom ṭuannak ah minung an duh caan lawng kan bawh tikah rian lo in saupi kan um. Thlan chuak lo in, retheihnak tel lo in hlawknak mit lawng kan au. 2021 ah khan Australia ram ah Online Business phun khat a si mi Hope Business a laar. Keimah telh in Laimi tampi kan lut. Kan luhka ah cun tangka hram (deposit) $500 a chia mi nih zarh khat ah $500 an hmuhnak taktak. Kannih Laimi ṭheo cu zaangdam tuk in tangka hmuhnak kha a hlawk tuk mi mit in kan zoh i minung ceilak nih kan van tuah. Vanchiat ah mihrokhrol rak si hna kaw, thla khat chung ah an van thah ciammam i Laimi tangka $ 100,000 (sing khat) fai a lotlau diam ko. Hi vialte tangka kan sunghnak hi a fawilaang tuk mi lam lawng kan kawl caah a si ko hnga lo maw?

Micheu nih an chim tawn, ramdang kan ṭuan rehtheih tluk in Laitlang um lio ah rak ṭuan usih law kan rum ko lai, an ti. A si kho mi a si, zeicahtiah mi kuttang rianṭuan cu a naang ai dang i suimilam nih a kan uk ning in ṭuan le umkal a si. Laitlang ah cun suimilam nih uk a um lo, kanmah nih kan dirh mi company (tlanglo le leileh) ah kan ṭuan tikah kan duh caan poh ah kan domh, kan huam caan poh ah kan maak. Mifel deuh le teima deuh nih lo kau deuh an tuah, thathu deuh nih bi deuh. Lo kaupi tuah ṭung i thlawhsial khawh ṭung lo cu ti mi lungput kan ngei. Kau deuh ka tuah lai i ka teima deuh ve lai, rawl tam deuh ka ngei ve lai, ka retheih bantukin khimso ei awk ka hmuh ve lai ti mi zumh ngamnak kan ngei lo. Terual umnak chungkhar nih ṭin 2/3 hmun lawng kan tuah i a lo-chuak theipar kan i za bal lo. Lo tuah lo le thlawh ṭung lo ahcun pawcawmnak dang kan hngal fawn loh. Lo kau deuh tuah le kan duh fawn lo. Fawizaang le thadam tein ṭuankawl kan duhnak nih purphiar dirhmun a kan phakpi. Tanghra ka rak kai lio ah tleicia kan pa, MP Lal Maung Cung nih a rak kan ti mi cu, "Tinh mi ngeih lo le duhfahnak loin hmailei na panh ahcun na vaivuan lai. Tinh mi ngeih hi a lian sang poh a sualnak a um lo, na phak khawh lo hmanh ah na tlak niam lai lo. Sia-kawng nai tinh a si ahcun Caw tal ah na tla lai, Caw nai tinh ahcun Vok tal ah na tla lai, Vok nai tinh ahcun Ar tal ah na tla lai. Cucaah nan hmailei lamthluan ca ah sehchih mi ngei in tinh mi ngei u," a rak ti. Tinh mi ngei lem loin a fawilaang mi thil poh tuah i timh, a harsa deuh poh hrial ahcun i sersiam, tunmer a har tuk ko hnga?

Tlacop nun le van hngah: Tlacop nun in nun lam pehzulh hi a har bik mi nun, nungna thih ti mi nun khi a si an ti. Timhlamhnak ngeih kan ti mi hi kan hmailei thil cang kan hngalh khawh lo caah a si. Lamphawk a zul mi, tlacop in a nung mi cu an ton mi sining zulh in an nung. Tlacop nun nih sianginn kai kan fale cafir a fial hna. A caan lio ah timhlamhnak ṭha an ngei lo i camipuai tikah fir rumro in an i la. Cun tlacop in a nung mi cu van nih tlak lai lawng an bawh. Anmah nih ṭuanchuah, retheih an i tim lo. Taktak ti ahcun vanṭhatnak kan ti mi hi timhlamhnak felfai kan ngeih mi le caan ṭha ai va tonthiam khi a si. Timhlamhnak le tuahṭuannak a um lo ahcun vanṭhatnak hi van in a tla tawn lo. Mah nih ṭuanchuahnak ai tel lo mi vanṭhatnak hngah hi a fak bik nun chirnak petu a si tawn. Tuanbia a kan chimh tawn mi, voikhat cu kokek ral tilian nih khuate pakhat a phum ti si. Khua mi vialte khulrang in himnak hmun ah an zam, sinain Khrihfa zumhnak ṭhawng pakhat cu Pathian kutcak a hngak i a zam duh lo. Ti a ṭhan chin lengmang tikah tilawng in chanhchuah awk ah an va fuh, sinain Pathian nih a ka chanhchuah te ko lai, a ti hna i a zul duh hna lo. Ti a ṭhang chin, a inn dot hnihnak ah a kai i Pathian kutcak a hngak. Sangpalawng in an van fuh ṭhan, a rak zul duh hlei hna lo. Ti a ṭhang deuhdeuh i a inncung ah kai.

Pathian kutcak nih a ka chanhchuah cang lai a ti rih . Culio ah helicopter a rak phan i a zul duh hlei hna lo. A donghnak ah ti nih a phum i a thi. Vanram ah Pathian a va ton i bia a chalh, "Kha tluk khan zumhfehnak ka ngei va si kaw, ziah ka thlacamnak na ka ngaihpiak lo, a let zong na ka let lo," a ti. Pathian nih cun, "Mipa! Nangmah chanhchuah awk ah tilawng le helicopter a rak thlahtu kha aho si a zumh," a rak ti an ti. Hi pa hi mivanchia kan ti kho hnga maw? Vanṭhatnak nih mihlawhtling ah a kan ser a si ahcun, biahal awk a um? Alexander Graham Bell (1847-1922), Telephone sertu tuanbia ruat hmanh! Hnachet mi a nupi ca ah technology hmangin hna-theih khawhnak (Hearing Aid) serchuah ai tim i a hlawhchamnak nih Telephone ser khawhnak lam thar a hmuhter. Nihin vawlei cung dihlak nih kan hman mi thil ah ai chuah. Ser ai timh mi a tlamtlinh lo nain, thil ropui taktak a hmuhchuah ca ah mivanṭha kan ti kho ne lai maw? Kan ti kho lai lo, a ṭuanchuahnak chungin a hmuh mi thil a si. Hnachet a nupi ca ah zeihmanh tuahpiak lo in van nih a phak te lai i hna a thei (khua theih) ko lai, ti mi bawh sehlaw, Alexander fimthiamnak zong hi a lang lo kho mi a si.

Khuaruahhar cang ding bawh: Micheu cu kan thil tuah mi kip ah a theipar chuak colh seh, zun colh sih, ti kan duh. Caan a hung rau deuh, lam caan a hung sau deuh ahcun kan lungdong. Kan lungthawhnak le thanuamnak a dih i kan lo hmabaan pehzulh kan duh ti lo. Judah miphun nih chan chung lungfah in an i chir mi thil pakhat a um, cucu a palh mi Jesuh an hmuh ning kha si. Rome uknak tang ah sal dirhmun in an temtuarnak a fak. Luat an duh nain an luat kho lo. Cu tikah Biakam Hlun prophet hna nih khamhtu le tlanhtu Messiah a ra lio, tiah an rak chimchung mi tlin lai an i hngahhlang tuk. Annih nih Rome miphun sin in kanmah chanchuah ding in a ra mi cu a lianngan lai, raangtum le ṭhilaang he hrokual le rumra ngei taktak in a ra lai i, hi kan ral vialte hi mithmuh phaklo ah a kan dumdawipiak dih hna lai. Nihin ah thaw-ip ngai in a kan khuhtu chum-nakpi hi a ṭian colh lai, tiah an rak ruah. Prophet Zechariah nih, "I lawm tuah, i lawm tuah! Zion fanu, fak piin au tuah, Jerusalem fanu, zeicahtiah zohmanh, na siangpahrang cu na sin ah a ra lio. Amah cu teitu a si, teinak cu amah ta a si. Toidor tein laa cung in, laa fa note cung ah i cit in a ra," (9:9) a ti mi tlin lai an i ngaih tuk. A taktak ah Jerusalem ah a hung lut. Mibu nih cun an aupiak i, "David Fapa cu thangṭhat ko u! Bawipa min in a ra mi cu Pathian nih thluachuah pe ko seh. Pathian cu thangṭhat ko u," tiah an ti (Mat 21:9b). Caan a rau loh, tlawmpal ah an rak i ruahchan mi le an hngah mi siangpahrang a si lo tikah an thah. Jerusalem a luh lio i "Hosanna, Hosanna" tiah a au mi pawl kha, "Vailam ah khenh ko, vailam ah khenh ko," (Matt. 27) tiah an au cang. Khuaruahhar in taksa saltaannak chungin luatpitu an hngah mi siangpahrang a si lo tikah a deuh hna i an thah. A donghnak ah tuanbia ah philh awk ṭhalo ngaihchihnak le temtuarnak nih a phak hna.

Israel miphun bantukin harnak chung, vansannak thlankhur, lungdonghnak thlam chung um lio ah khuaruahhar thil cang sehlaw, kan thilrit vialte kiang dih seh ti mi ruahnak hi hma a sawt lo mi ruahnak a si. Hruh khuaruah in mit-fung karh ngaw au in hngah zong ah a cang kho lo ding a hngak mi kan tam tuk. 2021 August ah vawlei a hnintu Zambia pastor James Sakara thihnak kha ruat hmanh! Ai thawh i, ka kut hi hri-hrual in ka ṭem ulaw ka nung in ka phum uh. Pathian Fapa Jesuh Khrih bantukin ni thum hnu ah ka tho ṭhan te hrimhrim lai, tiah Khrihfabu chungtel a ti hna. A bia bangin hri-hrual cun an ṭem i an phum. Vanchiat ah a len beh, a thi diam ai. Pastor James Sakara hi minote kum 22 a si. Zambian ram Chidiza khua Zion Church ah pastor a ṭuan mi a si. Khuaruahhar thil cang bawhnak nih amah a thah hlei ah, a khrihfabu chungtel vialte lainawng case in tlaih le thongthlak tiang an i huah. 2021 chung ṭhiamṭhiam ah Mizoram Evangelist Pu James ti mi pa nih mithi ka thawhter khawh a ti i thi-ruak cu thla a camh len nain a thawhter kho lo. Ningzah le mualpho ai thlaih. Hi bantuk nih thil sining tampi a thlenter tawn. Phun dang in kan chim ahcun, hlawhtlinnak dawntu a si. Thingthei kung kan cin tikah siseh, thlaici ka vorh tikah khuaruahhar mangtara in a thaizing ah a theipar hmuh colh i ruah ding a si lo. Thlawhsialpiak, ti toih, non ṭha pek i theipar ṭha a chuah khawh nakhnga thlanti he rethei taktak in zohkhenh a hau. Thlacamnak zong hi a tlangpi in lehnak pathum a um an ti –

atu bakin lehnak, kan nun chung ah lehnak le techin fapar chan lehnak ti'n. Kan tuah mi thil poh hi mithmuh kuttawngh in a theipar zun colh thluahmah phun an si lo. Lungsau thinfual in hngah a hau mi, teimak bu le hnek bu in kalpi an hau. Hlawhtlinnak ti mi hi lamphawk khuallam ah hmuh a si lo, thlanti puak in ṭuanchuah mi phen ah hmuh mi tu a si.

2. Duh Mi Maw Herh Mi Dah?

Hi biahalnak hi thleidan thiam a herh taktak mi a si rua, tiah ka ruah. Laimi sining in kan chim ahcun, thleidan thiam lo ruangah kan ṭhanchonak dawnkhantu bik pakhat ah ka chiah. Tleicia kan pa, Rev. Dr. David Van Bik nih a rak chim an ti mi cu, "Laimi cu tangka 100 hmuh ah 200 hmang mi kan si," a ti an ti. Hi nih duh mi le herh mi thleidan kan thiam lo ning a langhter. Laimi liamcia tuanbia zoh ṭhan hmanh! Docawi thlaipat, eichom baar-cop in a nung mi kan si. Pheh awk a ṭha lo. Kan sifah harsat tuk ah, 1956 hrawng Mautam lio ah saṭil le minung ei mi ai khat ti khawh a si (bia fak deuh in chim ahcun). Kan sican ai ning deuh, kan i todelh kho deuh cang kan ti hnu, kum 2000 hrawng purphiar lio le 2006 lio mautam kan temtuar ning le zaran kan rak dinei mi pawl kha mirum vok-ar ei mi tluk an si ṭhiam (bia dawh lo a si nain). Cu tlukin kan sifak, kan harsa kan ti ko nain, a ngeinung nun in kan nung i semrel nun kan ngei hlei lo. Ṭuankawlnak ah teimanthlu kan um hlei lo. Kan nikhat hlawh nakin kan ei mi le hman mi a tam deuh hoi. Sining nih tlinh le chit zong ah cheukhat cu kan chantiluan dawi ning hi ningṭi kan si. IT (Information Technology) a hung sang ciammam i ramdang cu chim lo, Kawlram chung hmanh ah Laitlang khuasa mino tete nih iPhone tlaih lo kan duh ti lo. iPhone company fimthiamnak le hngalhkauhnak a ṭhangcho hoi i pakhat hnu pakhat ṭha chin lengmang a chuak. Hi cabia ka ṭial tiang hmanh ah iPhone 14 a chuah cang. iPhone 11 an rak ser ahhin 20th September 2019 ah tlangzarhnak a rak tuah. Kum hmanh a liam hlan ah iPhone 12 an serchuah hoi i, October 23, 2020 ah tlangzarhnak an tuah. Cu hnu kum khat a liam hlan 14th September 2021 ah iPhone 13 tlangzarhnak an tuah ṭhan. Pithlung inn thar lawm an ti bang, chan a dawi mi le thil thar mitau pawl nih, 2019-2021 an i cawk mi iPhone 11/12 a ṭha tuk rih mi kha chia riangmang in iPhone 13 an i cawk. iPhone company nih milung la hna seh tiah anmah hlawknak phung thar an ser, cucu iPhone ṭhing pawl kha a thar in thlennawn (trading) le a thar ca tangka chap in a si. Cu tangka chap mi ah cun a tlawmlei ah $500 cu a hau ṭhiam. $500 nih SAMSUNG tharhlamte a cawk ve. Zeitluk rian ṭha ṭuan hmanh nih $500 hi fawilaang in hmuhchuah khawh a si lo (zaran ca ah cun). Cucaah iPhone 14 thar cawk lo in a ṭhing kha hmang hna sehlaw, $500 cu chungkhar herhhai ah a ṭhahnem tuk hnga cu mu! Chim duh mi cu, Phone kan herh maw, kan herh tuk; sinain kan ngeih cang caah adang phone thar chuak cawk kan herh maw (ngeih cia mi a ṭhat ko ah), kan herh lo, a duh cu kan duh. Kan duhnak le kan herhnak khingthlai tikah kan duhnak ah kan thinlung ai fu, kan mit ai fu, kan ruahnak ai fu i duhnak nih a tei/lerh deuh tikah duhnak ah biachahnak kan tuah. Kan herh mi si loin kan duh mi tu kan nam hmasa ka ti lai cu!

Minung khuasak tlaih le tlaih lo ah hin pa nakin nu tam deuh hi khuasak an tlai deuh ti si; sinain semrelnak ahcun zuk-hmawm le din-ei a tawngtham lomi tlangval hi nungak nakin an i rel deuh ti si. Zeicahtiah, pa cu chiaṭha a langh lo poh ahcun thil duh kan raap tuk lo; nu tu cu an si lo, an hmuh mi tangka hi an thil duh ah a tla thlu. Thil duh an tinak ah zei khua an thei lo, thlachiat an ruat kho lo ti ko sih. Facebook ah Mizo pa nih capo biatak in hitihin a rak ṭial bal, "thilzun dang kong ah cun um rih seh, kedan hmanh ah hin nu pawl cu nan cekha tuk. Inn umnak nan ti, pumhnak (biakinn) nan ti, ṭhitum (wedding and party) kalnak nan ti, lengchuahnak siloah chuahlanghnak nan ti i kedan tuah li le tuah nga an i cawk a ti." Nihin kan Lainu tampi sining zong a si taktak. Lai nungak umnak inn na lenkai tikah na mit na vaih hmanh, a tlawm bik tuah 5 cu na hmuh ko lai. Hi zat le zongzai ngeih hi kan herh ruangah a si lo, kan duh ruang tu ah a si deuh. Kedan lawng si lo, bag nan ti, hrukaih thilthuam nan ti i bizu khat in nan ngeih ko zong ah hruk ding ka ngei lo nan ti peng. Thil cawk ding lawng nan ruat. Herh zatawk cu nan ngei, nain nan duhnak nih an uk hna ruangah a za ti um loin nan cawk peng.

Chantiluan kan ti hnga maw, ṭhitumnak siloah puai phun a si mi chuahlanghnak ah thil dang sawhsawh kan i hruk duh ti hoi hna lo. Ramdang cu chim lo, Laitlang hmanh ah nu nih "dress" an ti i a man fah khawh chung fak in an cawk. Voikhat i hruk cang mi kha voi nolh ah hruk an duh ti hoi lo i puai kal lai poh ah cawk ṭhiam. Ramchung he, ramleng he kan Lai-nu pawl thil hrukaih mi man cu a ti ko! Tulio hi online thil zuar laar kaw, nu pawl thil duh raap cu an i hngal ko khi mu! Thilzun hi ngeih ding a si, sinain i hrukaih cawk lo thilzun ngeih ko bu in puai kal lai fatin thil thar i cawk cu "herh ruangah a si ti lo, duh ruangah a si deuh." Thil hrukaih kong lawng zong ah a si lo, chungkhar khuasak tintuknak hrimhrim ah herh mi nakin duh mi ah kan kal deuh in ka hngal. Or duh i sum hi a buh-sa kong ahcun Laitlang khuasa dirhmun hna cun kan ṭuan retheih caah a hau lo men lai (a cawknak zong ka van har hnga), sinain a zuk-hmawm le zu le sa kong ahcun sican i ninnak hrampi a si kho ko. Taktak le ngaingai ti ahcun, zuk-hmawm le zu le sa hi kan herh mi an si lo, kan duh mi tu an rak si. Kan or nih a duh ca ah kan ruahnak le mit nih a kawlpiak mi khi si. Kan taksa nih a herh ca ah kan tawnghtham peng mi le din-ei peng mi si loin, kan taksa, kan or, thinlung le ruahnak nih a lem (addicted) cang caah kan thlah sian/ngol khawh ti lo bia khi si. Ngol khawh le sum khawh ahcun zuk-hmawm le zu cawknak kan hman mi tangka vialte ai khong hnga i, khuasak tintuknak ah hrangtlai tuk a si hnga cu mu! Khuasak ai remh, i todelh khawh ah hin ṭhancho lam panh deuh a si. Kan sifah hlei ah or-cung kaalang hmanh a si lo mi thil, pawkhimnak a si lo mi le kan herh mi a si lo mi thil ah tangka kan hman tuk caah chiahkhon mi kan ngeih khawh lo hi a si ko.

Micheu nih an chim tawn mi cu, chan khat chuah ah chungkhar dirh hlan cu a nuamhnak in nun ding. Kan kawlhawl mi cu aho ca hmanh ah a si lo, kanmah ca pei a si kan ti. Nupi ṭhit le pasal ngeih ah pical le zohdawh in tuah lo ka duh lo kan ti. Tuah khawh ahcun a va ṭha tuk hme teh. A poi mi cu, ngeih mi nih daihlo tiangin ṭhitumnak ah hman khi a si. Kan puai nisung a dih hnu ah ahohmanh nih nan puai kha cu a ropui ko, a mak bak ko, tiah thangthat a um hlei lo. Leiba cham ah rethei emem tu in kan i nam.

Nihin kan i ṭhitum ning hi zoh hmanh, Laiphung ṭhitumnak a tlau, miphun dang nawl kan i cawn. Ṭhitum hlan hmanthlaknak (pre-wedding photos) hmanh ah tam tuk kan dih. A herh maw tiah cun a herh lo, hawi nih an tuah cio ai kan ti bia tu khi si. Culawng si lo, nunchung caan tawite ah kan ti i kan lungduhnak kan zul. Nuamh khawh chung in nuam cen kan duh. Hawikom he tlang kan kai lai kan ti, thei kan hrawng lai kan ti, kan vak lai kan ti, tiva kan kal lai kan ti, chang kan theu lai kan ti i, a hi luklak hmanh ah tangka tam tuk a kal. Hiti ka chim tikah khiar le caar tuk kong ka chim duh mi a si lo, a herh lo tuknak ah caan kan pek lawng si loin tangka kan hman tuk mi nih zeitluk in dah chungkhar a hnursuan ka ti duhnak a si. Cucaah zei thil kan tuah le thilri kan zalh lai ah, "ka herh mi maw a si, ka duh mi dah a si" ti'n kan mah le kanmah biahalnak ngei buin nun hman ah, zei a va lawh hnga?

3. Te lai:

A cunglei ah tam deuh ka langhter cang caah tlawmpal lawng ka van com lai. Te lai biafang hi hmalei a sawh mi thil a si kan ti nain, a fiangfai mi biafang a si lo. Chimkep holh ah "te lai le peimaw" kan ti mi, bei maw bei loin hmailei kan cuanh mi, kan ruah mi bantuk khi a si. Lei le dang, hmur le kaa lawng in a dong i. kutke nih a awiṭawmpi lo mi, a tuahṭuanpi lo mi biafang a si kan ti lai. Cubantuk ka si tikah cucu ka tuah te lai, ka upat tikah cucu ka tuah te lai, ka hlawhtlin tikah cucu ka tuah te lai, fanu fapa ka ngeih tikah cuticun ka siter te hna lai,..etc., ti'n chunmang ngai zong a si lo mi kha, hmurka in kanmah le kanmah kan i ti. Duhfahnak tello, chunmang ai tel lo mi bia a si tikah kan "si tikah" kan rak ti mi kan phanh zong ah zei ai hlei lo, kan tuah taktak mi a um hlei lo.

A caan ah cun "te lai" uar tuk hi mah le mah i hlennak a si hlei ah, fahnak i pek zong a si. Tahchunhnak ah, thaizing kiptuh khi na sianginn ah camipuai (exam) ngei ding na si. Na hawile nih nuamhnak party kal an in sawm. Na camipuai tuahnak a nai tuk cang. Ca na zoh lo ahcun nai fawih ding a si lo na hngalh, sinain na hawile sin kal lo ding na ruat kho fawn lo. Nai tuak i zan khat caan ka ngei ko rih, tuzan cu ka hawile sin ah kal ning law, thaizan ah sau deuh le biatak deuh in ka zoh "te lai" na ti i na kal diam. Na lungduhnak cung ah biachahnak na tuah i na khuaruahnak na thah. A thaizing ah na khuaruahnak a dik ti kha, cazoh caan a hung phak in na fiang; zeicahtiah zan khat chung ah thiam manh awk a tha lo mi ca zoh ding tam tuk na ngei. Nizan ah nuamhnak kal i a thai-zan ah i hnek deuh ding biachahnak na ngeih cang mi zong na zul hlei lo. Zingka tuan deuh in ka tho te lai, na ti hoi. Na "te lai" cu aa te lai chin lengmang i a donghnak ah sunghnak an phakpi. Hihi caan hman thiam lo a si hlei ah, thathut zong a si. Founding Fathers of United States pakhat a rak si mi, Benjamin Frank nih bia roling a rak chim mi cu, "Nihin na tuah khawh ding thil kha thaizing ca ah i chiah hlah," a ti. Dr. Sasa nih a ti ve mi cu, "Laimi ṭhanchonak dawntu bik cu "te lai" kan uar tuk mi hi a si,' a ti. Te lai in zei kip kan tuah, kan donghter peng ahcun hmai kan fong kho lai lo.

Phungthluk ah, thaizing arpi ngeih nakin nihin arti ngeih va duh deuh, ti a um. Thaizing nih zei a chuahpi lai kan hngalh khawh lo caah, nihin ngeih mi caan hman thiam, nihin damnak thazaang in ṭuan a hau ti khi si. Cu si loin "thaizing" hme um ko cu, thaizing ah ka tuah te lai, ka ti te lai tihi hawi tluklonak a si. An rak ka chimh bal mi cu, Thantlang peng khuate pakhat ah mipa pakhat lo a kal ti si. An lo a phak in thlaam (paarthlaam) cung ah a kai i an lo a cuan. A mit le thluak in "Khika khin, khika tiang thaizing ah ka thlawh lai; khika khin, khika tiang kip ah ka thlawh lai," ti'n a suaisam i nihin thlawh ding ka ngei lo a ti i a tlung diam an ti. Te lai uar tuk hi thathut phun khat a si. Culawng si lo, caan tampi cu "te lai" biakam in mi dang kan hlen hna hlei ah Pathian zong kan hlen chih. Khukbil in mitthli he thla kan cam i, "Maw Pathian cucu na ka pek ahcun cucu ka tuah lai, ka pek lai," kan ti. Kan thlacamnak a kan leh taktak tikah thluachuah hal in kan rak aunak mitthli a hul hnu ah kan i philh tha lo. Kanmah le kanmah zong kan i hlen a si. Ka tuah te lai, ka ti te lai, ka chim te lai, kan ti i kan hngalh lio le a caante ah kan chim lo, kan tuah lo tikah kan philh siloah kan tlolh. Caan a hung kal i chirnak nih a kan phak.

Cucaah Cathiang Baibal nih hitihin a kan cawnpiak –

Phungthlukbia 6:9-11 *"Maw zaangthupa, zei can dah na ih ko lai? Zeitik ahdah na ihnak in an thawh lai? Tlawmte in it ko rih ning, tlawmte in i hngilh ko rih ning, ka kut cu i dinh awkah tlawmte in i sih ko rih ning, na ti lengmang caah, paamnak nih mifir bantukin an tlunhnawh lai i herhlaibaunak nih hriamnam aa putmi pa bantukin an chuahhnawh lai,"* a ti.

4.   Ṭihphannak le Hmaizahnak

Ṭihphannak ti mi hi mithmuh kuttawngh thil siseh, lungchung ruahnak in a chuak kho mi a si. Taksa in fahnak le thinlung fahnak ton sual lai phannak ai tel. Hmualpho kongceih thangchiat ton sual lai phannak zong a huap rih. Lungfim tein kan chim, thil kan tuah kan ti ko zong ah, therphang lengmang in chimrel mi le tuah mi cu tlamtling kho deuh tawn lo. A caan bang ahcun ṭihphannak nih phun dangpi in thil a kan tuahter. Hngalhnak a tlawm tikah ṭihphannak hi ngeih deuh a si an ti. Thil ti khawhnak kan ngeih mi le zumhnak a hrawh i, chunglei nun thongtla ah kan cang. Kan ṭihphannak nih a kan tei tuk ahcun kan ralchia, ralchiatnak nih tang ah a kan thlak chin. Kan ṭhangcho kho ti lo. Hi ṭihphannak le ralchiatnak hi "mah le mah i bochanlonak, niam tuk i hmuhnak ruangah a si. Mah le mah sining i cohlan khawh lo cu mah le mah upat i pek khawh lo, man i ngeihter lo he ai khat. Cu nih cun mah le mah fahnak i pek hlei ah, mi dang fahnak pek tiang a chuahter khawh. Kanmah le kanmah kan i zumhraih lo tikah a tlangpi in ton sual lai kan phan mi hna:

> ➢ Sungh lai
> ➢ Hngalh lo
> ➢ Timhlamhnak ngeih lo ruang phannak
> ➢ Thil sual/palh ton lai
> ➢ Biachah palh lai
> ➢ Mi nih hnon mi si lai

Laimi nun ning le dirhmun in kan chim ahcun, ṭihphannak le hmaikhahlonak hi ṭhen awk ṭhalo ah ka chiah. Cucu kan zatlang nun zawtnak fak bik zong a si ka ti. Biaknak kan i hruainak ah siseh, vawlei ṭhithruainak ah siseh, rualchan pehtlaihnak ah siseh, hawikom pehtlaihnak ah siseh, mibu cawlcanghnak ah siseh, ṭhanchonak a dawnh ngai. Ṭihphannak le hmaikhahlonak nih dinfelnak hmual a zorter fawn. Dinfelnak ka ti mi zawn ah hin phung le lam ning in kan hmuh hnga ding dantatnak le biaceihnak vialte, hmaikhahlonak le ṭihphannak ruangah kan liamter sawhsawh mi khi ka chim duhnak a si.

Kan tuanbia le nunphung zoh law, Laiphung uknak tang kan rak um lio tein khuasual huah tik, biachim sual tik, purh lo purh tikah lamkal i fial in ai ṭhatrem mi kan si taktak. Biahmurka lawng si loin zupu in ai rem mi kan rak si. Laiphung in Khrihfa phung kan luh hnu ah ṭhatremnak ah sathi luanh remṭhatnak kan peh. Hihi Carson Siangbawite nih Khrih thisen tlanhnak thawngin Pathian le minung kar remdaihnak thisen zohchih in, kanmah le kanmah kar ṭhatremnak ah sathi luanh in kan kalpi hna sehlaw a dawh. Thil dawh a si maw tiah cun, a va ṭha tuk ko hme teh, sinain ṭhatremnak sathi luanh nih kan zatlang nun a chiatchuah, dinfelnak a thah hlah maw ti ka ruat. Zeicahtiah, ṭhatremnak sathi luanh ruangah dinfelnak nih mi bia a ceih kho ti lo. Phun dang in kan chim ahcun, fawi tuk in sathi kan i luanh i kan i remṭhat ruangah ṭhatlonak tuah kan i fawih tuk, mi thisen chuah kan ngamh tuk. 2009, Indian Renewal Centre ka rak um lio ah Hakha ka hawipa Lal Cung Nung nih a rak chim bal mi cu, "Hakha ah pa terual chuak an um i an pa nih a ti mi hna cu, mi thisen chuah ṭih hlah u, an lu man cawi le liam a hauh hmanh ah ṭuanvo ka lak lai," a ti hna. An pa bia nih a fale a ngamhsanter hna i mi thisen an chuah mi hmanh a tlawm ti lo," a rak ti. Langhter ka duh mi cu, kan nunphung a si ti phun in thisen luanh in kan i ṭhatrem lengmang tikah dinfelnak a au kho lo. Thisen luanh nih dun le dan, phung le phai kan ngeih mi vialte a uk hna, a thah hna ka ti lai cu. Sual man hmuh tlak a si mi zong sathi nih a luatter hna kan ti hnga. Biaceih tlak thil hmanh ahhin tuah sual mi le tinh ciammam in tuah mi ai lo lo, sinain kannih Laimi dirhmun cun kan i ṭhatrem ning siloah biachahnak kan tuah ning ai khat dih. Ramvaihnak ah mi pakhat nih thi lakin a hawipa a kah zong ah sathi in donghter. Sikṭhiatnak ruangah thinhun in mi kahthah zong ah sathi luanh in donghter ṭhiam a si. Mi fanu tlaihhrem zong ah sathi luanh, mi thisen chuah zong ah sathi luanh. Zei bantuk sual huah hmanh ah sathi nih a thianh viar. Sathi luanh in kan i ṭhatrem kan ti nain kaphnih chungkhar pehtlaihnak a fehfuanter hlei lo, thinlung phuhrunnak nih a hlatter ṭhiam hna (zaran cu mu). Cuticun hmuh khawh le auh ṭhan awk a ṭha ti lomi mi fanu fapa nunnak tampi sathi luanh in an thlarau kan thlah hna.

Sathi luanh hi kan nunphung a si lawng si lo, kan i ṭhatremnak a si ahcun a ṭha in ai dawh tuk mi a si taktak ko, asinain kan kalpi ning hi a dik deuh ti lo. Ramdang khuasa Laimi nih sathi luanh in ṭhatremnak an tuah/ngei ti thawng nan thei bal lai lo, an tuah kho fawn lai lo. Laimi hi can remruam ramdang ah kan um cang hna i hi chung ah kanmah le kanmah kar ah sathi luanh hau in ai tudeng mi, ai kapthat mi tibantuk an tampi ko; sinain sathi luanh in ṭhatremnak an tuah maw, an tuah hlei lo. Hihi an umnak ram phung le phai a ṭhat tuk ruangah a si hlei lo, an umnak ram nih thil dik a kalpi caah a si deuh. Mawṭaw in i pah sual, hriamnam in i thlahphoih sual siloah tukden sual zong ah a dik ningin; hramhram in cawlcangh zong ah a dik ningin an kalpi i cawiliam a hauh ahcun cawiliam, thongtlak a hauh cun tlak bak a si ko. Azei sathi luanh a um lo. Laimi khat le khat kar ah remlonak, huatnak le i hlatnak a zualter maw tiah cun, a danter mi pakhat hmanh a um hlei lo. Laitlang zong sathi luanh si loin phungphai kan ngeih mi nih biaceih sehlaw kan i hua in kan i hlat hlei lai ka zum lo. Voihnih le voithum thengte a kan rem i an hmaikhah a si lo kan ti lengmang caah kan ngeih mi phungphai ṭha tuk man an ngei kho lo. Hihi kan remh khawh lo a si ahcun zei bantuk phung le lam ṭha hmanh Laitlang ah va ngei usih law, nawlbia ning in biaceih loin, sathi nih bia a ceih zungzal ko lai i, dinfelnak hmual chak kan barh peng ko lai. Thil ṭhalo a tuahtu, sual huahtu pa nih phung le phai kan ngeih mi ningin a tuh mi a zun i a tuar ahcun, tukvelh in thisen i chuah, hriamnam in i tukden tibantuk hna hi kan ṭhinh deuh ko lai.

Cucaah atu in kan zatlang nun zawtnak hi kan thlop a hau. Khrihfa biaknak zong ah phalh a hau mi zawtnak a si. Hmaikhahlonak in upa savo kan i hoih mi hna hi biatak (sound doctrine) filfuantertu a si. 1999 Laimi Khrihfa kum 100 tlinnak (centenary) kan rak hman kha si. Kan kum tuak cun Baibal biatak chung ah mai tein a pil ding kan si cang, sinain a tam deuh cu kan i tlaih mi tlaihtleng hmanh hngal lo kan si. Tuukhaltu ah tangka thlahlawh pek in pastors kan lak ko hna nain kum khat ah thawngṭha chim caan 10 a ting kho lo zong an um. Khrihfa upa a ṭuan mi, nubu in mino upa le Khrihfabu chungtel chung ah hmaizah pek deuh mi, kum khua in a upa deuh mi tibantuk kha hmaikhahlonak in upa savo kan hoih lengmang hna i biatak kan pemh kho lo. Baibal cawnnak a ngei lomi, Baibal chung ah uk zeizat a um ti hmanh a hngal lomi, voikhat tal Baibal rel in a chuah lomi, khuamaw caan hmanh ah bible rel a huam lomi bak caan kan pek hna. An van chim tikah Baibal duh mi siloin bia ngaitu duh ning a si lai timi tu an chim. Anmah lawng an si lo, pastor cheukhat zong hi pulpit tlangin doctrine kong chim an ngamh lo, mizapi hnakhaw ah a lut duh ding mi lawng chim an hmang. Zumhnak le tlaihtleng kong lawng a si lo, Khrihfabu nih retheih pek deuh mi, suingun chawva in siseh, thil le ri in siseh, kan hnursuan deuh mi hna awaan le ruahnak deuh in kal hmang mi tampi zong kan um fawn.

Lai phungthluk ah bawi pawng ṭhut le cerh kam thlawh ti mi le innpa ngaknu le sapherh bawm, ti mi kan ngei. Phun dang in kan chim ahcun, tawdomhtu le tungmertu kan ngeih tikah cu pa/nu sal kan si siloah mipa thilri na hman, a tangka na hman, a tirawl na dineipiak ahcun cu pa tang ah na um ko lai. Na sican ning nai bih lai, na tuanbia na zoh lai i na hrampi an si na hngalh tikah hmaizah na pek hna lai, na ṭih hna lai. A kan dawtu an si, a kan zohkhenhtu an si na ti lengmang lai i, an hmai na khahlonak nih an hnursuan mi tampi a um lai. Kan lu cung a um mi, nawl a kan ngei mi hna ciangzar tehlo lai phan ruangah thil diklo an tuahnak, an eihmuarnak, an firtleinak hngalh ko zong ah thuhpiak a fawite. Lairam ah eihmuarnak ral kan doh khawhlonak hrampi zong hi dawtnak kan ngeih tuk caah a si lo, ṭihphannak nih a kan tei tuk caah a si deuh. Thil dik cu a sining in kalpi phung a si, sualnak zong biaceih phung a si ve. Thil diklo tuahnak hma a rak ngei ve mi na si ahcun na thil tuah mi an hngaltu nih thil diklo a tuah ve tikah na phuang ngam lai lo, hmai na milhpiak lai; zeicahtiah hma na ngeih ve ruangah siseh, amah na ṭih caah si. Sinain dinfelnak na ṭanh a si ahcun tuh mi zun ngam kha puitling rian a si. Nihin Laimi pengtlang, khua in i ṭhithruainak le kutritnak ah a poi ngai hoi mi cu, annih cu a milu an tam, tangka thazaang zong in an ṭhawng, thil zong an ti kho i anmah nih kan hruai hna seh, anmah awka in kal sih, tibantuk ruahnak hi a si. Cu lawng si lo, community rianṭuannak ah siseh, Khrihfabu le khuabawi rian zong ah chungkhar sining zoh, fimcawnnak zoh, thiamhngalhnak zoh, ngeihchiah zoh in lutlai thim kan hmang. Zeitluk in dah rian a ṭuan khawh lai ti mi nakin a sining zoh in kan thim deuh. Zei bantuk minung dah a si ti mi kan tahfung hi a nunzia nakin a ngeihchiah le a cawnnak a si deuh. Hi bantuk tete ruangah rianṭuan hma kal kho loin sukkhaknak tete tampi kan ton ṭheo tawn hi a si. Hihi ṭihzah deuh mi, hmaizah deuh mi tibantuk thleidannak in a luang mi theipar a si. Cucaah Khrihfa kan si ti i tlaih ruangah mithat lainawng ngaihthiam peng, dawtnak kan ngeih hau ti i tlaih in sathi luanh in mi nunnak thlarau liamter sawh, an kiangzaar kan tep kho ti lo sual lai phan ruangah thil dik lo hmaimilhpiak tibantuk kan zatlang zawtnak kan tlau lo ahcun, dinfelnak hmual a ngei kho bal lai lo.

5. Mah Sining Cohlan Khawh lo

Laimi cu fimcawnnak le theihhngalhnak ah naite minung kan si. 1990 hnu ramdang kan luh hnu ceo in ram ṭha sianginn kai le Kawlram ah cun Generation Z deuh hi kan chantiluan dum kho deuh an si ti usih law, kan palh lai lo dah. Chan an ṭhen ning hi Baby Boomers (1946-1964), Generation X (1965-1979), Generation Y (1980-1994), Generation Z (1995-2010), Generation Alpha (2010 -) ti'n Laimi kumkhua zohchih cun an si. Atu lio Laimi dirhmun in chim ahcun Generation X nih chimhcawnpiak mi Generation Y, Z le Alpha deuh kan si. Generation X cu fimcawnnak reprai an rak ngeih lo caah nunphung le hmurka deuh in cawnpiak, chimhhrin an si ti ko sih. Anmah nakin Generation Y (midst) hi an i ning deuh. Thil a hung i let ciammam i Generation Y - Alpha ah cun IT (information technology) a hung sang i cawnnak, thiamnak le hngalhnak zong a hung kau. Sinain Generation X nih mama khaih in khaih mi, thluak le thisa ah rawnh mi thil tampi kan i ṭhanpi mi le nunpi mi thil tete ruangah nihin tiang hmailei karhlannak ah dawntu an um. A biapi lo, chimrel tlak a si lo kan ti sawhsawh tawn mi, zei kan rel lo mi tampi an um. Zeidah a chuahpi ti kan rak ruat lo. Duhsah in kan hun ṭhanlianh hnu ah mi tampi nun ah ṭhatnak nakin chiatnaklei an si deuh.

Mirang nih Self-esteem an ti mi hi, thinlung tlangsannak in i phorhlawt khi a si lo, kan siningte i zohchonak khi a si. Kan siningte ah i lungsinak kan ngeih tikah kan tuahsernak ah ṭhanchonak a kan pek. Innchung tang ah siseh, rian kan ṭuannak ah siseh, mi he pehtlaihnak le hawikomhnak zong a kan bawmh. Cu bantuk mah sining zohchonak ah nun ṭhanbawm ṭha bik hi a kan bawmhchanh ve te lai ti ruahchannak um loin mi bawmh duhnak nun ngeih hi a si an ti. Kan holh ah "Mi le mau hram" ti a si bang, minung hi kan i pehtlai dih. Nihin na tuah mi nih a ka hnursuan (thlen) bantukin ka tuah mi nih midang a thlen/hnursuan ve hna. Vawlei pakhat i hrawm chan ah kan um i nun ai hrawm mi kan si. Sinain minung hi petu le hmuhlei/laklei lawng a ruat mi ti'n phun hnih kan um i, kan zatlang nun hi a hnoksak ngai tawn. Latu siloah hmuhlei lawng a duh mi cu a ei thaw, kutsamhtu (petu) cu a mitku thaw an ti. Nuntual nun ah latu siloah hmuhlei lawng a duh mi nakin petu hi kan vawlei ṭhanchotertu an si deuh. Thathutnak le zaangzelnak zong hi mah zohchonnak derthawmnak theitlai pakhat a si.

Voikhat cu kutdok pate hi tlanglawng dinhnak mi tamnak hmun ah khengkur le cafung tompi he a ṭhu. Culio ah company ngeitu pakhat nih dollar fangkhatte khi mipa hmai khengkur chung ah a thlakpiak i a zuar mi cafung i lak lopi in a lanhtak. Tlanglawng chung a luh hnu ah a ṭum nolh zau i ka tangka man daih tawk in na cafung kai lak lai, zeicahtiah nang zong chawhrawl na si, kei zong chawlet ka si ve a ti i tlanglawng chung ah a va lut nolh. Cu hnu thla

6 a rauh ah mirum pawl tonpumhnak le nuamhnak (party) ah an pahnih in an i tong. Kutdot pa nih a vai fuh i, na ka cing ti dek maw, keinih cun fiang tein kan hngalh ko rih tipah in theihternak ai tuah. Mirum pa cu a lau! Zeidah na rak tuah, zeitin a si, tiah a hal. Khalio ah bawmhnak si loin, hmaizahnak le upatnak he na rak ka zoh i na dollar fangkhat man ah ka cafung na lak hnu khan, zeidah ka tuah ti'n keimah le keimah biahalnak ka ngei i, mi kutdok ti lo in rian ka ṭuan. Fakpi in rian ka ṭuan i atu hi dirhmun hi ka phan. Nangmah nih ka nun le sining hmanthlak i zohnak lam na ka chimh ruangah hihi ka si kho. Cucaah na cung ah kai lawm tuk tiah a ti ti si. Zoh ulaw! Hi kutdokpa nunnak le sining a thlengtu hi mirumpa kha si loin, a chung ah a um mi a sinak ai zohchonak in a si deuh. Mah sining zohcho kan ti mi cu, kanmah tein kan sining kan i hmuh ning, kan teh ning khi a si. Kanmah sining zohchonak nih kan khuaruahnak, kan thil tuah mi siseh, hawi he pehtlaihnak le hawikomhnak tiang khi a sersiam khawh. Kan hmuitinh phaknak le hlawhchamnak zong hi mah sining zohchonak cung ah ai ngat ngaingai mi a si. Nangmah le nangmah nai hmuh ning a niam le man ngei ka si lo tiah na ruah poh ahcun ṭhanchonak an dawnh ngai ko lai. Phun dang in kan chim ahcun, mah sining zohchonak hi chunglei kan nun hruaitu siloah khaltu a si. Zei he dah ai lawh kan ti ahcun, dur pum chung mai rawn he ai lo. Mai ai sem mi kha ti-thawl chung ah erh law a lianhfaat ti-thawl ngaw lawng si lai. Pum lianpi a si kho ding a si ko nain ti-thawl chung ah a ṭhanglian mi a si tikah ti-thawl nih a tlum khawh mual vial lawng a ṭhan khawh bantuk khi a si. Kan i zohchonak le khuaruahnak a ṭhan lo ahcun kan sining a ṭhangcho kho lo. A tanglei ah mah sining ai hmu thiam mi le niam tukin ai hmu mi nun ai dannak van zoh hmanh!

Sang in I Zohchonak:

- Ṭuanvo lak duhnak a ngei
- Ka si kho lai lo ti mi lungput a ngei lo
- Pehtlaihnak ṭha ah mi a hruai
- Thil thar ruahnak le harnak ton ngam ai tim
- Soiselnak le thangchiatnak a cohlan thiam
- Ruahnak an chuahpi, thil thar an chimrel
- Toidornak an ngei
- Nawlngeitu hmaizah an thiam
- Forhfial le thapek an thiam
- Anmah kutke in an dir kho
- Zumhnak an ngei
- Peklei ah an ṭhawng
- Ceihhmai an duh
- Hawi thar an ser khawh
- Chimhhrinnak a cohlan

Niam tuk I Hmuhnak:

- Congoih an hmang
- Mi soisel lawng an duh
- A hngal bantukin an um i mah lung lawng an i rinh, midang ruahnak an cohlang lo
- Ṭuanvo la loin mi dang thangchiat an rian hrang
- Nahchuah an hmang
- Fahsak an hmang, soisel an huat
- Mah lawng um nuam an ti lo
- Ziar an ngeih caah hawikom ṭha an ngei kho lo
- An tuah hnga lo ding biakam an ṭhawng
- Mi kongceih an ṭhawng
- An lung khong, an luhlul
- Lungawṭawmnak an ngei peng
- Phorhlawt ruamkai an hmang
- An hakkau
- Bia alhnial an ṭhawng
- Hmuhlei lawng an duh

Niam tuk I Hmuhnak nih a chuahpi mi:

- Cinkennak thluak ka ngeih mi a der, a chia tuk
- Math ka chei lo, ka thiam lo tuk, hi cu ka tlinh lai lo, ka tuah kho lai lo
- Zaanglek lei ka uar lo, ka thiam lo
- Ka huam lo, ka zuam lo
- Ka tha ba, tibantuk hi mah i zohchonak ah nun than dawntu an si. Zeicahtiah, ka ti kho lo, ka si kho lo, kan ti peng tikah kan ruahnak, kan thinlung le thluak nih ai nek i a zumh i kan zia zong cu kan zumh ning hoih in ai thleng ti si.

Cun, hlawhtlinnak lamthluan ah dawnkhantu ziaza tampi lakah tlawmpal van zoh rih sih:

- Ruamkainak
- Hlawhcham lai thinphannak, tihnak le lungawtawmnak
- Tinh mi ngeih lo
- Hi bak hi siseh tiah sehchih mi ngeih lo
- Lungrep ngeih lo, tu le tu lungthin thlen
- Hnu deuh ah ti lengmang
- Chungkhar tuanvo tam tuk i khinh
- Tangka thazaang derthawm siloah semrel thiam lo
- Lungtawi
- Mah lawng in zei poh tuah timh
- Pumpeknak ngeih lo

    Kan biahram ah kan chim cia bang, Laimi dirhmun in mah le mah i zoh niamnak le hmuh niamnak a hrampi hi kan i chawnhbiaknak le cawnpiaknak cung ah hram a rak sih mi a si bantukin a kan temtawn ngaite. Laiphung in rak um lio sarsuanh le sonhtarh mi pin ah, ngakchia pei an si cu ti phun in a diklo mi tete a kan chimh mi a tam tuk. Dehpacok ah an rak kan hman mi hna hi mah le mah i zohcho ngamnak dawntu an si. Chimhhrinnak ah fungfek an rak hman, kan tap i ril chuah kio in kan ai. A chinchap ah inn thlang siloah kawm tang ah tahngai a um. Tap thluahmah ko,

Arbawm a van i ken lai i in kalpi diam te seh, tiah a kan ṭhihphaih. Culawng si lo, khuamaw caan Arsa kan van ei caan ah a thawt deuhnak savo kan i suah zong ah a kan ṭhihphaih. Ar tawdawp ei cu ningṭih pannak, a lung na ei ahcun lunglohnak nan ti i, a ei awk um lomi a thlaki tu kha zuan thiamnak, a ngal-ruh cu tlik cahnak, a lu cu thluak ṭhatnak nan kan ti. Hnemhnak zong ah ṭhihphaih, lemnak le thapeknak zong ah ṭhihphaih kan si. Kan haa-chia a tlongh caan ah na kan thawh hoi i, "Langak pa ka haa-chia kan pek, na haa-ṭha ka pe va ti law inn cung ah va hlonh," nan kan ti. Langak nih zei bantuk haa hmanh a kan pek khawhlo nan hngalh ko. Baibal nih, "A zulh awk a si mi kha ngakchia cu cawnpiak law, a upat tikah mah cucu a pialtak ti lai lo," (Phut 22:6) a ti lio ah, kannih thluak ah thil dang tu a kan rawnh i, kan upat tikah kanmah sining i cohlan ngamnak ngeih kan i harh tuk.

Chan ai thleng tuk i chan pakhat le pakhat kar hmanh ah i thlaunak (generation gap) tampi a um. Generation X le Y kar hmanh tampi ai thlau lai, cu nakin Generation X le Z khi ai thlau chinchin. A hlan ah "Nihin mino thaizing hruaitu" ti mi kha, "nihin mino nihin hruaitu" ti a si cang. Nu ruahnak tikhur ral petlo ti mi zong a thi cang, nihin vawlei ah nu nih ram a hruai mi tampi an um cang. Hi ai thleng cuahmah mi vawlei ah thlaici vorh thiam a biapi, thluak rawl khaih thiam a biapi. Fimcawnnak zong ah a biapi, taksa in kan ṭhannak zong ah a biapi i, thlarau lei karhlannak zong ah cu ṭhiam. Mino thazaang hi Khrihfabu, community, pengtlang le khua mualpholonak phihkhar khawhnak ca lawng ah ruah ding a si lo, zeitluk in dah thlarau, taksa thinlung ruahnak le hngalhnak ah an ṭhan khawh ti mi in zoh a hau. Nu le pa zong nih nihin nan fale hi thaizing miphun ca nan thlah mi thlaici kan si hngalh a hau fawn. Kanmah le kan hmazawn cio in i chimhcawnpiaknak, thazaang i peknak, taw i domhnak kan ngeih a si ahcun, cu nih cun mipa/nu nun ah mah le mah zumh ngamnak, sining i cohlan khawhnak a pek lai i, cu nih cun a nun lam a hruai ko lai. Mah le mah sining i cohlan khawh lo, zumh ngamnak ngeih lo ahcun kan ral a chia, kan thinphang, mi dang hngatchan in kan nung, mah ke in dir kan i tim lo; cucu ṭhanchonak dawntu a si.

DAL NGANAK

Hlawhtlinnak

1. Ṭuanvo Lak Ngamnak

Ṭuanvo i hngalh i cu ṭuanvo tlolh loin tlamtlinh khawh hi hlawhtlinnak a si. Chungkhar khuasaknak ah siseh, mibu rianṭuannak ah siseh, khrihfabu ṭhithruainak ah siseh, ṭuanvo i hngalh a herh. Kan ṭuanvo kan hngalh lo ruangah kan chungtel tampi ngaih kan chiatter le an kan uhṭanh caan zong a tam. Ṭuanvo i hngalh lo cu mipuitling kan si lo a langhnak pakhat a si. Nihin Chinmi kan buainak le sikcaaknak bik zong ṭuanvo kan i en ruangah a si bik. Biana ah, hihi nu "na rian a si, na ṭuanvo a si, cucu pa na ṭuanvo/rian a si" tibantuk. Chungkhar khuasaknak ah pa bik rian/ṭuanvo cu chungkhar nupi tefa cawmken, zohkhenh a si hnga. Nu bik rian/ṭuanvo cu fale le pasal zohkhenh, tappi lungthu tlaih, inn lei hnokhnai vialte, suuk thianhhlimh vialte kha kannih Laimi nunphung ah rian kan i phawt ning a si ti ko usih. Khrihfabu ah pastors hna ṭuanvo cu a khalh mi Pathian turuun zohkhenh le cawmken a si. Khuabawitlang, bu upa hna ṭuanvo cu khua mi le chungtel ṭhanchonak a si. Cawnpiaktu ṭuanvo cu a siangngakchia fimthiamnak ah ṭhanchoter a si. Ṭuanvo tlinh ti mi ah hin cawnpiaktu nih a tuah awk si mi nifatin hrelhlo sianginn cachimh a tlinh ko hmanh ah, a cawnpiak mi siangngakchia nih an i ṭhathnempi lo ahcun ṭuanvo tlinh a si thlu hnga lo. Cu bantukin Pastor nih a turuun chungin thlarau tirawl ṭaamhal in a chiah hna ahcun ṭuanvo tlinh lo a si fawn. Chungkhar ah pa bik nih a nupi le fale ṭamhal vakvai in a chiah hna ahcun ṭuanvo tlinh lo a si ve. Ṭuanvo tlinh lo cu tinh mi hlawhtlin lo a si.

Ṭuanvo lak ngam ding ah thinlung in ngamhsan a hau. Thiamnak nih a phak ko zong ah ṭuanvo la ngam ding tiangin huaisennak na ngeih lo ahcun na duh mi phak nakding ah a harsa ko hnga. Laitlang ka rak um lio ah Pathian a duh ngai mi Pu Za Mang kan khua a phan. Pathian a duh bantukin a phaknak khua poh ah thlacamnak hmun a hual tawn. Chim porhlote, Laitlang khua a ṭollonak a um lai lo dah! Kan khua a caam lio ah Vailamtah tung a saih i a hual mi thlacamnak hmun ah phun ding in mino a kan fial. Zing arkhuang in va put awk ah kan kal. A hmun kan phan i minung kan i zoh, a pu kho ding kan si lo kan ti i kan kir. Kan kir pah lampi ah Pu Stalin Ṭha Cung Lian (a tlanval lio a si i mino kan President) le mi pakhat kan ton hna. Ziah! Nan kirtak a kan ti. Kan pu kho lai lo, minung kan tlawm tuk kan ti. Nan put hlan ah cun zeitin nan hngalh, kan put phot lai a kan ti i a kan kirpi nolh. A taktak ah kan put i a hmun kan phakpi. Chim duh mi cu thil ṭha tuahnak siloah tinh mi lamthluan ah thinlung hrimhrim in ngamhsan a hau. Phun dang in kan chim ahcun, hlawhtlinnak hi thinlungput cung ah hram a rak sih mi a si. Thinlungput a biapit bantukin chim ding tampi lak ah tlawmpal van com ka duh.

> ### Thinlungput A Biapitnak

Harvard University siangcachim William James nih, "Minung kan lungput thlennak nih kan nunnak a thlen khawh tihi ka chan chung ah thil mak bik ka hmuhchuah mi a si," a ti bal. Ca a chimhnak sianghleirun Harvard University nih minung pakhat hlawhtlinnak lam taktak hi thil dang ruangah a si lo, kan lungput ning a si an ti. Mi pakhat hlawhtlinnak lamthluan zoh tikah, zatuak 85% hi a lungput ning ruangah a si i, zatuak 15% hi a fimthiamnak, a hngalhkauhnak le thil dang ruangah a si an ti. Thil mak a si mi cu zapi hmuh ning le ruahnak ah fimcawnnak, thiamhngalhnak hna hi hlawhtlinnak tawhfung an rak si lem lo, lungput tuhi a si rak diam. Lungput nih nunnak a uk. Tuak ulaw, milianngan na ti mi pa/nu khi lungput ṭha ngei loin mi nih milian ah chiah dih khawh a si hnga maw? Siangngakchia pakhat khi lungput ṭha ngei loin ngakchia ṭha a si kho hnga maw? Cu bantukin nu le pa, cawnpiaktu, rianchawrtu le rianṭuan hawi vialte hna zong, lungput ṭha ngei loin anmah le hmaka zawn ah an fel in rinhchanh le bochan an tlak hnga maw siloah ṭuanvo an tlinh hnga maw?

Cheukhat cu lungput ṭha ngei lem lo in van kan hngak. Caanṭha kan ti mi hi kan ke tang ah a um zungzal ti si. Cucaah cu caanṭha va kawl awk ah hmunka dang kal a hau lo, kan hngalhthiam tu kha a biapi ti si. Thingkung ramkung hna khi tlangpar in cuan hna law na dirnak hmun nakin na ralchan hring deuh in na hmuh zungzal lai. Cuti na ralchan hringcurhpi na cuanh lio ah, na dirnak kha midang nih an rak cuanh ve kha philh hlah. Caantha kan ti mi hi cubantuk cu a si; a ratlei nakin a chuahlei ah hngalhthiam le theihthiam a fawi deuh an ti tawn. French Philosopher Blaise Pascal bia an hal, "Na thluak hi i ngeih ning law cu, mi pakhatkhat ah kai chuah ve ko hnga a ti, ti si. Blaise nih a leh mi cu, "Atu na nun ning, na sining nakin a tha deuh mi si i zuam law ka ngeih mi thluak cu na ngeih ve ko lai," a ti, ti si. Caantha nih kan kutka voikhat lawng a kingh tawn an ti. Voikhat kan tlolh ahcun a dang cu a fiang ti lo. Zeicahtiah cu caantha cu kan tlolh cia mi bantuk cu a si ti lai lo. Cucaah caantha kan ngeih lio ah hman thiam le lungthlehnak tuah thiam a biapi. Aruang cu a caan lopi ah lungthlehnak tha tuah ko hmanh law a caan a si ti lo ahcun sullam ngei lo a si kho.

    Caan tampi cu kan chungkhar buaibainak kha kan tuankawlnak ah kan luhpi i kan tuankawlnak buainak kha chungkhar ah kan luhpi ve. Chungkhar buainak rian ah kan luhpi tikah, lungretheihnak a sang chin i, kan thil tuah mi a tluang kho lo, a zorlei panh. Cu bantukin kan riantuannak buainak chungkhar ah kan luhpi tikah zatlang nun ah siseh, chungkhar le pumpak nun tiang a hnursuan. Minung kan lungput le kan ziaza hi pawngkam sining, hmuhton mi le fimcawnnak zong nih a tlaihhip khawh ti si. Pawngkam thil ti mi chung ah inn le lo, sianginn, riantuannak, maivan, nunphung, biaknak hrihhram, zatlang nun le ramkhel tiang khi ai tel. Thil zuarnak dawr na kal tikah, panh zirziar awka thlumte he mi a chawn ciahmah mi na hmuh caan a um lai i, a caan ah mi zong a chawnbia lem lo mi, mah um in a um mi dawr hngak na hmuh caan zong a um ko lai. Micheu inn na va kal tikah nu le pa le fale he i daw hniakmak tein a um mi chungkhar na hmuh caan a um lai i, cheukhat inn ah cun zawhte le uico bang ai sikkheuh mi le aukhok mi na hmuh caan zong a um ve ko lai. Cu bantuk thiamthiam in ram pakhat chung ah ziknawh eihmuarnak a do mi an um i, a cheu cu eihmuar khawhnak mit lawng a au mi zong an um kha na hmuh fawn lai. Pawngkam he ai then kho lo mi hmun ah kan um bantukin hmuhton mi nih mi tampi cu kan nunzia a kan thlen. A hlei in kan komh mi hna hawi sin in tampi ai tel. Mi pakhat milungṭhawng he na um ahcun na lung ṭhawng deuh lai, milungder sin ah na um ahcun na lung der deuh ko lai tinak si.

> **Lungput Ṭhawn Ṭhathnemnak**

Minung hi saikhaw in a nung mi kan si. Thil ṭha tuahnak lei ah a saikhaw a pin mi cu an huaisen deuh. Ralchiatnak lei ah a saikhaw pin mi cu hman tlak lo bak an si ve. Bible chung kan hmuh mi David le Goliath tuanbia kha ruat hmanh u. Israel mi nih Goliath pakhat kha tei khawh phun in an hmu lo, sinain ṭhawnnak le thiamnak in an tei tuk mi Kum 17 a ti mi pa, David nih a thah ko. Mi dang mithmuhnak ah cun Goliath cu David doh ding ah cun a ṭhawng tuk, a ngan tuk; sinain David ca ah cun a ṭhawng lo. Mi tampi nih kan i fian lo mi cu, ṭhawnnak hi ban tha ah a um lo, lungput ah a si. Ralṭha le lungṭhawnnak he a doh i a tei ko. Cu bantukin tinh mi sehchih in kan kalnak ah, hi ka tuah mi ruangah zei poh tlung ai kun, harnak siseh, sunghnak siseh, temtuarnak siseh, ka in ngam lai, ṭuanvo ka lak ngam lai ti mi lungṭhawnnak ngeih a herh.

Zeicahtiah lungṭhawnnak cu:
- Nuamhnak petu
- Thazaang
- Lawmhnak a ṭhantertu
- Pawngkam ca ah thazaang le
- Zatlang ṭhanchonak siseh, ram ṭhanchonak ah siseh bawmtu a si.

Mibu ca ah a ṭhathnemnak
- Ṭuanchuah mi a karhter
- Mi dang he ṭuanti khawhnak a ser
- Buaibainak a daihter
- Thiamnak a ṭhanter
- Hmaizahnak a chuahpi

- Hlawknak a karhter
- Pehtlaihnak le hawikomhnak a ṭhatter
- Lungretheihnak a zorter

Nunnak hi dawnkhantu tampi lakah khuallam a peh mi a si ti cu zapi hngalh. Milungder hna ko hi nun ṭemṭawntu an ngei khun ti si. Hawi he sau an i kom kho lo. Rian ah an hmun lo. Chungkhar zong ah an buai. Mi dang he pehtlaih le hawikomh hrim cu an chambau ngai. Cu tikah:

- Nun sivanghnak
- Thinhunnak
- Hnabeidonghnak
- Zawtfahnak
- Lungretheihnak tibantuk tiang nih a tlunh khun hna ti si.

Kan lungput, kan ziaza hi kan ngakchiat lio tein ai sem ve i cuticun a ṭhang ve ti si. Milungṭhawng kan si ah, lungder kan si ah, kan ṭhanlianh ning in kan mizia ai thleng ve. Milungṭhawng na si ahcun na lungder caan le thil a ṭhalei in na cuanh khawh lo caan a um hmanh ah lungṭhawnnak lungput na ngeih mi kha zia ah na hman ahcun na remh colh ko lai; nain milungder phun na si i thachiatnak le ṭhatlolei kap lawngte in vawlei na cuanh ahcun na lung a ṭhawng kho colh lai lo. Cucaah, teitu si kan duh ahcun milungṭhawng mi si kan i zuam a hau. Kanmah nun kong ah kanmah lila nawlngeitu le uktu kan si i ṭuanvo ngeitu zong kan si. Kan ziaza, kan lungput, kan nun ning, kan tuahsernak vialte cung zong ah ṭuanvo a la ngamtu kan si a herh. Milungder nih cun a duh ning in thil a kal lo tikah, a nu le pa kun, a cawnpiaktu a sayate kun, a nupi kun, cozah tbk kha mawh a phorh tawn hna. Cu bantuk sal in kan luat khawh nakding ah kan lungdernak hlawt in lungṭhawnnak kan ngeih le thil ṭha kan kawl i a si kho hrimhrim lai ti mi ruahchihnak lungput kan ngeih a hau. Thil pakhat kan cuanh tikah siseh, mi pakhat kan ngiat le zoh tikah siseh, a ṭhatnak kha kawlpiak thiam a hau. Cuti si loin a chiatnak le tlamtlin lonak lawng hmuhpiak cu milungṭhawng mizia a si lo. An chim tawn mi tuanbia ah, mipa pakhat uico fim le ramvaih thiam ngai mi a ngei. A uico cu ti lioh a thiam ngai i ti ai lio mi compei a va sehter tawn hna. Ai uang tuk i voikhat cu a hawipa a va sawm. Compei tamnak tibual ah cun an kal i a uico cu tibual ah cun a thlah. Ti chung compei cu a va seh hna. Uico ngeitu nih a hawipa sin in a uico fim le ṭhawn zia faknak biakaa ka theih te rua lai ti ah a bawh. Sinain kaa khat hmanh a thei lo. Inn an tlun pah ah ui ngeitu nih cun a hawipa cu a thawh i, "Ka kawi, nihin ka uico cawlcangh cu zeitin na hmuh ning" a ti. A hawipa nih cun, na uico kha ti lio a thiam lo kha teh," tiah a leh ti si.

Hi pa bantuk in thil a chiatnak le harnak lawng in a zoh mi le hmu mi hna cu:

- Mi soiselnak in an nun caan an hmang.
- Ceunak mei hmit riangmang in muihnak zei a lawh ti hngalh a duh mi an si.
- Thaizing ah ka zaw sual lai ti phan bu in, nihin an nun hmanh nuam in an hmang kho lo.
- Thil ṭhalo lawng an bawh lawng hmanh si loin cu nak zual in siam kha an hngak.
- Thluachuah philh in harsatnak lawng a rel mi an si.
- Harnak kong chimrel ding an ngeih lo caan ah ai nuam lo mi an si, tiah hlathlaitu nih an chim.

Minung nih hngalhtheihnak phun nga kan ngei ti si. Hi hngalhnak phun nga cu, thil pakhatkhat kha a sining tein hmuh khawh le a si awk dingin tuah khawh khi a si. Fimcawnnak kan ti mi le hngalhkauhnak kan ti mi hna zong hi, hngalhtheihnak lo cun sullam ngei lo an rak si. Hngalhtheihnak a hmang thiam mi tuhi mifim an si. Hngalhkauhnak cu ṭuanvo lak ngamnak he a kalṭi mi a si. An chim tawn mi cu, nitlaklei ram, a hlei in Europe ah cun, zu na din lo ahcun pakhatkhat baunak a ngei mi, tlinlonak a ngei mi ah an in ruah lai an ti. Zeitintiah annih nun tlaihtleng cu "Zeitluk miraang holh thiam lo na si zong ah, na din mi Scotch a ṭhat poh ahcun a za," ti a si. A tlangpi in zu an dinnak ruang tampi lakah, nuamh duh ah, an ton mi lungretheihnak, buaibainak le lungfahnak philhnak ah, hawi mit-hlan duh ah tbk tampi an chim ko lai. Kan philh tawn mi cu, zurit bu in mawṭaw mawnghnak nih mi nunnak, mah nunnak tiang a lak tawn mi hi a si. American Hospital Association chimnak ah, minute pakhat ah minung pakhat lengmang hi zurit bu mawṭaw mawnghnak in hliam an tuar ti si. Chim duh mi cu, kan tuah mi nih a chuahpi mi ṭuanvo lak ngam ding tiang khi kan cuanhchih a si ahcun, kan ca ah ṭihnung a si mi thil kha a kan hrialter lawng hmanh si loin, mi dang nun man zohchih in an ca ah a ṭha lo mi hmuh khawhnak le kan hmuitinh phak khawh nakding ah bawmchantu an si lai.

2. Lung Duhfahnak

Minung nunnak khaltu hi lungduhnak a si. Pumsa duhnak nih a kawl mi nuamhnak maw siloah thlarau duhnak zulh in nun? Lung chung tinh mi ngei in nun khuallam a peh mi kan si i, cucu nitin na/ka chunmang a si. Na ruahnak paar ah mah cu lawng a um. Chunmang kan manh mi hmuh khawh nakding le phak khawh nakding ah "duhnak" nih a khalh a hau. Lung duhfahnak loin tinh mi hmuh khawh a si lo. Minung chunmang a phakpitu hi thanuamnak nakin "lungthawhnak" a si deuh. Thil thar hmuhchuahnak ah siseh, rianṭuannak hmun ah siseh, fimcawnnak ah siseh, lungsau tein a kan umtertu, toidor thinfual a kan petu le hnek duhnak nun a kan ngeihtertu cu mei-alh chuahnak meici hmete bantukin thathawhnak a kan petu "duhnak" a si. Lungduhnak cu mawṭaw nunnak datsi bantuk khin minung nunnak ah a si ve. Harnak horkuang na zulh ah siseh, nun khualtlawnnak lam a tluan lo caan zong ah lungdong lo tein an kalpi ceomeotu ding cu lungduhnak a si.

Cheukhat ca ah cun hlawhchamnak hi tinh mi chunmang nun khuallam donghnak a si tawn. Sihmanhselaw milungṭhawng le duhfak mi hna ca ah cun lam thar hmuhnak a si. Lung chungin duhnak taktak ngeih lo ahcun zeihmanh a cang kho lo ti si. Joel Ling nih, "Kal duh ahcun a naite, duh lo ahcun a hlapi," a ti. Mihlawhtling si na duh ahcun mizei dah ka si ti le zeidah tuah ka duh siloah zeibantuk mi dah si ka duh ti mi biahalnak pahnih lawng na ngei an ti. Hlawhtlinnak hi lungduhnak cung ah aa hngat mi a si i cu lo cun hlawhtlinnak a um kho lo. Harnak vialte a kan pahchihter ngamtu, dawnkhantu vialte a kan teipiaktu le tinh mi hmun a kan phakpitu a si. A mit ti lo mi mei-inn bantuk a si. A caan ah mei-alh sangpi in a alh i a hlio in ai hlio. A caan ah cun a vaang memmem te khi a si, nain hmih khawh a si lo mi mei-inn bantuk a si. Cu bantukin a ṭhawng mi thinlung pek kan sinak cu, lung donglo tein chunmang phak tiang kan kal khawh nakhnga ca ah a si.

Lungduhnak cu nun hmuitinh he ṭhen awk ṭhalo in a kalṭi mi a si. Na nun hmuitinh hmuh nakding ah lungduhnak ṭhawng na ngeih a hau. A nuam na ti mi zong hrial a hauh caan a tampi lai i, a thaw na ti mi zong na sum a hauh caan tampi lai. Cucaah lungduhnak cu rian ṭhul in TV hmai ah chun nitlak ṭhut a kan hrialtertu le hawirual he lam-kam lakphak dawr ah mi kong ceih in biasawngtlorh a kan hrialtertu zong a si an ti phah. Zeicahtiah, na tinh mi hmun phak nakding ah a herh lo mi thil, a nuam zawng in na theih mi kha hrial in i hrem a hauh caah a si. Lung duhfahnak aa tel lo ahcun hnoksup in a um mi kan vawlei hmanh hi a cawlcang lo mi hmun ah a cang. Phun dang in kan chim ahcun, kan vawlei chak tlaitu le khaltu hi lungduhnak a si. Lungduh le thathawhnak tel loin nun khawh a si lo. Milungduhfak pahnih nun van zoh hmanh sih: Mahatma Gandhi – thisen dor tla loin British chandeih kut in a rampi luatnak ram chung ah a luhpitu a si. Cun Thomas Alva Edison- electric mei-bawl a tuah lio ah voi 1000 hlawhcham, nain a lungduhnak nih mihlawhtling ah a hruai mi pa a si. An pahnih in an lungduhnak nih tei khawh lo lungṭhawnnak a pek hna i cu nih cun hlawhtlinnak a pek hna. Cucu lungduhnak hmual a si.

Amahbalte lungduh hoih in nun hi ceunak lawngte a zawi mi a rak si lem lo, muihnak thlankhur chung zong ah a kan luhpi tawn. Cucu pumpak lungduh hoih si loin, midang nawlngeihnak tang ah anmah hruainak le duh ning in um a hauh caan ah a si tawn. 1989 lio ah Thomas H. Schulman ṭial mi Death Peots Society an rak i thla. Cikkhatte ah vawlei a hninh i British Academy of Film and Television Arts (BAFTA) nih muicawl thlak mi ah a ṭha bik minṭhatnak an rak pek. Mah muicawl (film) ah cun hringtu pa nih a fapa ca ah sibawi (doctor) a lungduhpiaknak le a fapa lungduh kal zawng aa kalh mi nih chungkhar mitthli tlaknak a chuahpi mi kan hmuh khawh. A pa chunmang le saduhthah cu a fapa sibawi si i a fapa limhaang in mi nih zohcho mi si le upat hmaizah hmuh kha a si. A saduhthah le lungduhnak nih a khuaruahnak thluak le nunnak vialte a lak dih i cu lam zulh ding ah a fapa a hnekchih. A fapa nih a pa chunmang le lungduh kal zawng kha a huam phun le duh phun a si ve lo tikah, a donghnak ah a ruah mi cu, ka hmailei lamthluan hi keimah duh in a nung kho ding ka si lo caah ruahchannak ngei lo ka si ti mi ruahnak a ngei i amah le mah aa that. Chim duh mi cu, pumpak lung duhfahnak zulh hi hlawhtlinnak a si tihi a si.

Sinain pahrang i hngalh a har bantukin lungduh kal hoih i hngalh hi a har. 2017 Australia ka phakka ah kai harh bik mi thil tampi lak ah pakhat cu, zei lam dah ka zulh lai ti mi biathlehnak a si. Ka mihring sinak pum le rua in mihawi ka tluk lo, fimthiamnak le hngalhnak zong in mihawi ka tluk lo. Tha le zaang zong in ka tluk lo. Cawnnak cu chim hau lo, zei cawnnak ngei lo ka si fawn. Chungkhar pawcawm kawlhawlnak ah zei lam zulh ah dah a ṭhat bik hnga ti'n lungrethei in ka rak um. Annih ram ah cun fimcawnnak ah siseh, pawcawm kawlhawlnak zong ah nan lungduh phun hi a pakhatnak ah kawl nan i zuam lai ti si. Aruang cu kan huam phun a si lo mi, kan uar phun zong a si lem lo mi rianṭuan cu caansau kan awk lo an ti. Kan duh le huam phun rian kan ṭuan ahcun thinlung zong a nuam i tha zong a dam ti hi annih kalphung le ruahnak a si. Tangka hmuhnak ṭha hi biapi ah an chiah mi a si lem lo. Inn nakin rian hmun ah nun caan hman deuh a si tikah hi ka rian hi ka ṭuan huam phun a si maw ti hi biapi deuh ah an chiah. Zeicahtiah, kan lungduhnak hmun ah kan thinlung, ruahnak a um, caan pek a nuam i cuti nun kan phum tikah hlawhtlinnak a kan phakpi caah a si.

Zeitlukin dah lung duhfahnak ngeih a herh tiah cun:

> Na nun ah na herh mi hmuhnak ah hmai an fonpitu.
> Lungsau thinfual in lunghmunhnak thazaang a kan petu le harnak a kan inpitu.
> Mah le mah thazaang i peknak in hlawhcham hnu zong ah a kan thawhter ṭhantu.
> Lungsau thinfualnak a kan petu.
> Har nun i hnek lungput a kan ngeihtertu a si.

3. Pumpeknak

Tei duhnak lungput in i zuam le hlawhcham lai phan lungput in i zuam hi tampi dannak a ngei. Teinak hmuh duh lungput in kan i zuam ahcun pumpeknak ai tel; sinain hlawhcham lo ding sawhsawh in kan i zuam ahcun kan derthawmnak bik thazaang kan hman ti si. Teinak hmuh duh ahcun timhlamhnak ngeih le pumpek a herh. Teinak hmuh duhnak lungthin he ai zuam mi cu tem-innak ton lai hngal bu in timhlamhnak an ngei. Sungh phan a bawh mi nih an himnak an kawl, sinain teinak a kawl mi nih caanṭha an kawl. Cheukhat cu sungh lai phan ruangah tinh mi ngei lem lo in a tlacop in an nung. Cheukhat cu anmah sining kelte si peng nih a simh tuk cang hna i an khuasak sersiamnak ah ṭihnung thil hmanh tuah ngamhsannak an ngei phah. Hlawhtlinnak le rumnak hi kan khuaruahnak le biathlehnak a theipar a si an ti. Pumpeknak cu tinh mi sehchih in lung duhfahnak he a cawlcang. Ruahnak, caan, chawva le lungthin dih umnak in bungh khi a si. Cucu khakha ka tuah lai tiah biahrennak tuah sawhsawh khi a si lo, i pekchanhnak, teimaknak le intuar ngamnak tiang khi a sawh. Cu bantuk pumpeknak cu hlawhtlinnak tlaitu tawhfung cu a si.

Na tinh mi ah khingrih zaanter zong va si ko seh, na uar/duh mi he pehtlaihnak siloah na hawikom he pehtlaihnak ṭhawnter zong si ko seh, fimcawn kawlnak zong ah siseh, cun suingun chawva kawlnak zong ah siseh, pumpeknak a hau. Cu rualrual in pumpeknak ah a herh hmasa bik mi cu nangmah le nangmah aa hleng mi na si lo a herh. Zeicahtiah na tinh mi lamthluan na kalnak ah dawnkhantu thil tampi na ton hna lai. Mah le mah aa hleng lo mi, na dirhmun le sining aa cohlang kho mi na si khawh ahcun ṭemṭawntu thil, dawnkhantu zong na ton ngam lai. A nuam zawng in thil tuah, a fawizawng in thil tuah, a ol-zaang mi poh i thim tibantuk zong kaltak a hau. Baibal chung ah, "tampi tuh mi nih tampi a zun lai, tlawmte tuh nih tlawmte zun" a ti bang, teirialnak le teimaknak he harnak tampi tuar bu in ṭuanchuah mi theipar hmuh a si. Zeitintiah hlawhtlinnak cu pumpeknak nih a hrin mi laksawng a si. Phun dang in kan chim ahcun, pumpek ti a sullam cu, na tinh mi hmuh khawh nakding ah harnak, tukforhnak le ṭemṭawntu vialte tong ngam ding in ka si cang tinak a si. Harnak ton ngam ding in kan i timhlamh bantukin zeitin dah kan ton lai zong hngalhnak a kan pek. Sihmanhsehlaw micheu ca ah cun phungthluk ah an chim tawn mi, "Saipi (vui) a takpumpi cu kutka ah a lut dih nain a mei ai tlum lo," an ti bang khan an si. Harnak cho-sang vialte chuah hnu, a pheinak lam zulh lawng a taan hnu ah i ngol diam kan hmang. Caan tampi cu na ruahlo ningin maw, na duh ning lo in maw, thil a kal tikah na nun khuallam ngol diam na lung chuah caan tampi ko lai. Lung duhfahnak kan ngei kan ti ko bu ah nuamhnak kan duh mi, lungfahnak kan tuar mi le thinhunnak tibantuk ruangah kan lohma baan chuaklak in kan kalpi kho tawn lo. Keimah cuanh khawh tawk ah, Chinmi tam-u rian kan ṭuannak ah siseh, fimcawnnak ah siseh, a har bik kan ti mi pawl hi kan ṭuan mi rian a har tuk ruangah a si lem lo; kan cawn mi ca kan i harh tuk ruang zong ah a si lem lo. Kan ṭuanpi hawi siloah pule (employers) le sianginn kaipi hawi siloah cawnpiaktu he i rem lo, lung i hmuh thiam lo siloah an bia holhka celh lo ruangah an ka neek, an ka zohchuk ti ṭukṭak khi kan i phuah/ngolnak bik an si. New Delhi khuasa Chinmi tam deuh Kala (Indian) sin ah rian kan ṭuan khawhlonak le Kala pawl he kan i sikvuaknak bik cu "Nepali" tiah an kan ti caan ah a si. Nepali cu kanmah bantuk miphun pakhat an si ve. Nepali ti cu i fahsak awk, thin i hunpi awk tlak um lo khi a si, sinain kan si lo mi "Nepali" an kan ti tikah nihsawh thlanglamh phun in kan i kuaih i kan thinhun in kan leh hna tikah buainak a chuak ṭheo. Mi pakhatkhat bia holhka, zia le za kan rem lo ruangah kan chunmang kan kaltak, kan pawcawm kawlhawlnak rian kan kaltak huar ko. A poi ah kan chia lo. Hihi "mah i ti tuknak siloah thinlung tlang sannak le hawi thinlung canhlonak phun khat a si pin ah, kan tuah mi ah thinlung bungh in pumpeknak taktak kan ngeih lo caah a si ti khawh si.

Kan ṭuan mi rian ah siseh, kan komh mi hawi sin ah siseh, kan chungkhar ah siseh, pumpeknak kan ngeih lawng ah kan hmuitinh a tling kho lai i, nun khuallam ah lawmhnak kan hmu kho lai. Pumpeknak nih tuahserhnak ah a kan hruai i, dingrep nun nih hmuitinh hmun ah a kan hruai ti si. Pumpeknak lo in kan tuah mi thil poh cu lungthin kan phumlonak a si ca ah zeitik caan poh ngol/kaltak a poi kan chia lo. Kan upat kho lo, kan tlaihchan kho fawn lo. Vince Lombardi nih a chim mi cu, "Zaran kan hlawhchamnak hi thathawhnak kan ngeih lo ruangah a si lo, pumpeknak kan ngeih lo ca tu ah a si deuh," a ti. Mi tampi cu cucu si ka duh tiah sehchih mi ngei in nun kan hmang ko hna, amahbalte voikhat lungthawhnak tiang lawng khi kan si tawn. Caan a hung kal i dawnkhantu harnak tete a hung chuak i kan lungthawhnak a dul colh. Lungthawhnak sawhsawh in a rak i sem mi hmuitinhnak cu a theipar a ṭha bal lo. Pumpeknak cu van in a rak tla mi a si lo, duhsah in a ṭhanglian ding mi tu a rak si caah "zeiruang ah dah ka sehchih mi nun khuallam ah harnak pahchih ka hauh" ti i hal lengmang a hau. Cuti na halnak nih harsat caan ah thazaang an pek lai, lungdongh caan ah an ṭhawnter lai.

Voikhat cu arpi le vokpi lam an leng ti si. An kal cuahmah lio ah lam kam dawr pakhat nih 'Vok phei tit le Arti $2.95 in khimte ei khawh a si," tiah fakthanh an hmuh. Hmaihngal ngai khin Arpi nih aa thawh i, "Ka maw, ca taar khi zoh law, zatlang ca ah kan pekchanh mi a si ko khih," a ti. Vokpi nih a leh mi cu, "Ka maw! Nannih nih zatlang ca ah nan ti (eggs) nan pek, kannih cu kan nunnak dihlak pei kan pek cu," a ti. Pumpeknak cu nun i thap khi a si. Hlawhtlinnak hi thlan a chuah lo ahcun a um kho lo ti si. Thluachuahnak kan ti mi zong hi thlanti phen ah a um. Nun i sersiam, khuasak sican i sersiam duh ahcun pumpek a herh. Chungkhar khuasak tintuknak ah kum khat chung ah $150,000 hmuh ding na hmuitinh va si seh. Hi $150,000 hi tangka na duh tuk ruangah si loin, hi vialte tangka nih zeitluk in dah na nun an ṭhathnempi lai ti mi hmuiselnak in a si. Tahchunhnak ah, na fale siang inn kainak, chungkhar nan herhhai phihkharnak tbk. Cu na hmuitinh tlin khawh nakding ah nikum nakin na retheih deuh a hau, rian ah caan tam deuh na pek hau, tangka sumren deuh zong a hau fawn hnga. Na tha le zaang, na caan le sining vialte na pek tikah teinak na hmu. Pumpeknak hi a man fak, sinain hlawhtlinnak a chuahpi mi man a sung deuh rih.

4. Lungsau Teirialnak

Hlawhtlinnak kan ti mi cu, umkal pah ah vai ton sual mi thil cang a si lo. Thlanti phen ah a um mi thil thup a si. Cu thil thup hmuh khawh nakding ah timhlamhnak felfai ngeih zong a herh i, nuncan ziaza sersiam zong a herh. Phun dang in kan chim ahcun, pum i hremnak le peknak tel a herh. Henry Ford nih, "Rian ah tei na rial deuh le na thlan chuah deuh poh le mihlawhtling na si ko lai," a ti. Kan vawleipi hi ṭuan duhnak ngei mi in a khat. Nihin kan i lawmhpi mi, nuamhpi mi hna zong hi thlanti he teirial mihlawhtling pa kutneh, kutchuak an si. Mi tampi cu thathut le dinh caan ai dannak kan hngalthiam lo. Thathut cu caan liam sawh in liamter khi a si. Dinh caan cu a si lo, nihlawh a ei. Dinh caan nih cun thazaang i hrimhnak a kan pek, thinlung ruahnak hliphlaunak a kan pek. Vawlei cung thil mak vialte zong hi harsatnak tampi lak ah teima mihlawhtling hna ṭuanchuah mi an si. Teirial lo cun hlawhtlinnak a um kho lo. Kokek thilnung, van va khi ruat hna hmanh! Rawl an ṭuan lo, kokek thingkung ramkung lila nih a cawm hna, sinain rian an ṭuan lo tinak a si lo, an ṭuan ve ko. Zei thil hmanh hi fawite in hmuh khawh le lak khawh an si dih lo. Cucaah teimaknak a um lo ahcun harnak ton tikah zaam a fawite. Mihlawhtling hna biathli pahnih cu: teimaknak le dohkhamnak a si an ti.

Thomas Edison nih a chim mi cu, "Mihlawhcham hna an ṭlakchiatnak cu an lungdongh hlan ah hlawhtlinnak par an phak deng an hngalh lo caah a si," a ti. Lungsau teirialnak nih zeitluk in dah thil a thlen-nawn khawh mu! Nang na ruahnak ah mihlawhtling hna an hlawhtlinnak cu dirkamhtu chungkhat rualchan ṭha an ngeih ruang, ngeihchiah chawva in i ningcan khawh ruang, pahrang nih thlircawi ruangah na ti men hnga. A si lo! Teima tein an tuahṭuan mi ah lungsau in an um khawh caah a si deuh. Hlawhtlinnak biathli cu lungsau teirialnak a si an ti mi kha a si. Lungsau teirialnak cu zawttlak puicimh ton lio hmanh ah teinak hmelchunhnak a si an ti. Mihlawhtling na ti mi hna an biathli zong khi, ngol lo in tei an rialnak si. Atu nakin hmailei ah hi nak ṭha deuh kan hmuh te lai ti ruahchannak nih an sining dihlak in i pumpeknak a ngeihter khawh hna caah a si. Kan vawlei ah teirial mihlawhtling minthang tampi lakah tlawmpal van com ta sih. Vawlei cung minthang zoh nuam le hmun nuam Disneyland Park a serchuahtu khi Walt Disney a si. Disneyland Park cu, US ram California pengkulh Anaheim ah sak mi a si. 17 July 1955 ah hunnak a rak tuah i kum khat ah million lengkai peng nih an veh (tlawn) ti si. Kum 2018 chung lawng hmanh ah 18.6 million nih an zoh. Vawlei ah zohtu ngei bik hmun pakhat a si. Hi tluk hmun nuam saknak ah Walt Disney hi voi 302 a hlawhcham i tangka fang in tam tuk ai sunghpi ti si. Asinain a lungdong maw, dong nemmam hlah. Lungsau tein tei a rial i khi tluk hmun nuam, mi vialte nih zoh bik mi hmun nuam ah a chuah ko.

KFC serchuaktu Colonel Sanders kong hi ruat rih hmanh. A nun chung ah voi 1000 leng hlawhchamnak a tong ti si. Kum 5 a ti ah hringtu a pa nih a thihtak. Ngakṭah nun in a ṭhanglian. Chungkhar harsatnak tilian nih a phum. Mifanau! harsatnak tilet chung um bu in sianginn kai zong a celh lo, 16 a ti ah sianginn kai ai ngol. Kum 17 a ti ah rian 4 a sung cang. Lungfahnak le nun beidonghnak tampi lak ah hnemtu ṭha nupi a van ngei. Kum 18-22 chung tlanglawng lam tuahnak a lak, sinain a hlawhcham hoi. Cu hnu ah ralkap a tla nain caansau a nguh lo. Phungbia cawng ding in a sok ṭhan, an cohlang lo. Tlawmpal ah Insurance zuarnak a tuah, a hlawhtling hlei lo. Kum 19 ah fanu duhnung a ngei. Chungkhar nupi fale zohkhenhnak ah a ngeihchiah nih a pek lo pin ah, hlawhchamnak lawngte nih a phak i kum 20 a si ah a nupi le fanu nih an kaltak. Lung dong loin rawl-einak dawr ah rawlchumh le umkheng ṭawl rian a ṭuan. Amah lawng lilen thlakaam um a celh lo caah a fanu fir a zalh, nain a tlinh lo; cucaah a nupi a kawh ṭhan. Caan a hung kal i kumkhua in a hung upat cang caah, kum 65 a ti ah a rian in ai din. Rian a dinh ni ah Cozah lei nih $105 lawmman an phalh. A lung rawh tuk ah hri-awh in mah le mah thah ai tim. Thingkung tang ah a ṭhu i a nun chung ah tuahtlinh a duh mi a ṭial. Khua a ruat i ka duh mi ka tlamtlinh rih ṭung lo. Cucaah thiamnak ka ngeih mi rawl chumh hmang in mi dang nih an thiam lo mi pakhatkhat chumh kai zuam lai a ti. A tho zau i $87 a cawi i Arsa a kio. A umnak Kentucky ah inn khat hnu inn khat a zuarh hna. Mah hnu cun Kum 65 lio ah nun beidongh in mah le mah i thah a rak i tim mi pa cu Kum 88 a ti ah Kentucky Fried Chicken (KFC) serchuaktu ah ai chuah i millionaire tiang a phan ko. Nihin ah cun vawlei cung ah KFC a um lonak le a thei lo kan um ti lo ti khawh a si. A ton mi zawttlaknak, harnak le nun beidonghnak khi ruahpiak hmanh. A nupi fale nih santlaihlo ruangah an kaltak tikah zeitluk in a lung rawh lai? Taksa in siseh, thinlung in siseh a tuar ding mi khi zei ruahpiak hmanh, a fawi ding a si lo; sinain lungdong lo tein tei a rial tikah mihlawhtling ah i chuah ko.

Vei mu! Mihlawhtling pawl hi thil lianngan an tuah ruangah an hlawhtlinnak a si lo dahkaw. An tuah mi thil hmete ah zumh tlak le felfai tein hnek ṭualmal bu he an tuah caah a rak si deuh. Tuanbia ah an chim tawn mi, mipa pakhat John ti mi hi, thing hau le tannak kampani ah rian a ṭuan. Kum nga chung a ṭuan ah cawisan le rian kai a tong lo. Kum nga a ṭuan chung ah midang Bill ti mi pa a rak lut ve. Bill cu rian a domh kum lila ah a rian kai colh. A thinhun in an haotu pa a va chalh. Kum nga chung na sin ah rian ka ṭuan cang, nain na ka kaiter bal lo. Sinain Bill cu rian a luh kum lila ah na kaiter fawn. Hihi a dik lo a ti. An haotu pa nih cun a thawh i, "Mipa zoh hmanh! Nang cu rian na domhka in nihin tiang thing na hau mi a tlawmtam ai khat peng, na sining kel peng na si. Bill cu nikhat hnu nikhat in thing tam deuhdeuh a hau khawh. Bill bantukin ṭhangcho law na kai ve ko hnga a ti, ti si. Na nun, ka nunnak ah John dirhmun kan hluan caan a tampi ko lai. Lungfah le nuar phun in na rian chuahtak law, mi dang sin na va ṭuan tikah mithar na si lai. A hram bak in na thawk a hau lai. Na nihlawh le thlahlawh zong a tlawm deuh kho. Sinain na ṭuan ṭhingnak na pupa sin ah zumh tlak le felfai tein, na rian ah teirialnak lungput he ṭuan law, hmailei ah na ṭuanpi hawi vialte haotu dirhmun ah in siter te sehlaw, aho nih kan hngal lo. Zeitlukin thiamnak ngeih ko zong ah, thil ti khawhnak ngeih ko zong ah teimaknak um lo in hlawhtlin khawh a si lo cu mu!

A ka hringtu ka pa nih a nupi le fale cawmnak ah a tuah bik mi hi Thakbare (hmathlak) cin a si. Thakbare cu a khoika hmun poh ah a ṭha lo, hmawng ṭhiam a hau. Cu tikah lo a tlak ah hin khuami hawi nih an tlaklonak hmun, mahpi lawng lo va tuahnak hmun hna ah lo a vah tawn. A lamhla, a hmun a chengchia, ti a har, umkal zong a har. Lopil nam fatin kan zaihnawh peng, sinain a kan hnek, tei a kan rialpi. Kan chungkhar kong ka chim duh mi si loin, khuasak tintuk pawcawm kawlhawlnak rian zong ah teirial lo ahcun i cawm khawh a si lo zia kha ka langhter duh. Hawi nih zing 9:00 AM in lohma an domh ahcun 8:00AM in ka domh hau; ka lolam a hlat ahcun a riak in ka thlawh hau. Hawi nih ṭin 2 an tuh (phum) ahcun ṭin 3 hmun ka tuah hau. Hawi nih suimilam 8 an ṭuan ahcun suimilam 10 ka ṭuan hau timi lungput ngeih le teirial lawng ah hawi tluk khawh, hlawhtlin khawh a si. Sianginn kainak zong ah teimak lungput ngeih a hau. Hawi dang nih suimilam 10:00 PM tiang ca an zoh ahcun 11:00 PM tiang ka zoh lai. Zingka 6:00 AM in an thawh ahcun 5:00 AM ah ka tho lai. Zan khat ah kong 2 an thiam ahcun kong 3 ka thiam lai, ti mi ruahnak ngeih a hau. Kawlram sianginn kai in chim ahcun minṭhatnak (distinctions) in a awng mi hna khi hawi hlei in teima lawngte an si. Teimaknak lo in hawi tei khawh a si lo. Teimaknak hi hawi teinak hrampi a si.

Hlawhtlinnak kan ti mi cu, phak kan duh mi, hmuh kan duh mi hmuh le co khawh khi a si. Lunglawmhnak cu kan hmuhco mi duh khi a si. Cucaah hlawhtlinnak le lunglawmhnak kan ti mi hi artlang in an kalṭi. Sinain cu phak khawhnak hrampi cu retheih i pek duhnak, thlanti chuah huamnak le temtuar ngamnak teimaknak a si.

Cu hlawhtlinnak lam ah dawntu thil tampi lakah

> Ruamkai phorhlawtnak
> Hlawhcham lai thinphannak
> Timhtuahnak ngeih lo
> Tinh mi ngeih lo
> Lungrep ngeih lo
> Caan hngah uar tuknak
> Tangka himlonak
> Lungdonghnak
> Pumpeknak ngeih lo
> Lungtawinak

Hi vialte tei khawhnak hriamnam cu lungsau in intuarnak a si. H. Ross Perot nih, "Mi tampi cu an hlawhtlin lai temmam ah an lungdong. Cu bantuk minung ca ah cun teinak ding ca ah kar khat hlan hi a har," a ti. Hlawhtlinak kan ti mi hi thil lianngan, khuaruahhar thil va tuah khi a si lem lo. Mihlawhtling hna khi va zoh hna law thil hmete in thil lianpi ah ai chuah mi an si hna. Nihin vawlei cung ngakchia zoh duh mi zukcawl lem (cartoon) Mickey Mouse thawktu Walt Disney zong khi voi tamtuk hnawl a tong mi a si. US President hlun Abraham Lincoln zong kha voi tam tuk zawttlaknak, hlawhchamnak a ton hnu ah haotu dirhmun a phak kha si. Electric in ceu kan hmuhnak zong hi mihrut tiah, sianginn in chuah mi Thomas Edison thawng in a si. Tei an maaknak le i hneknak nun nih mihlawhtling ah a ser hna.